KB187968

습관은 반드시 실천할 때 만들어집니다.

황금별이라는 닉네임을 가진 40대 직장인이 있습니다. 그는 42세에 미국 주식 배당 ETF 투자를 시작, 배당을 받으면 재투자하는 방식으로 46세에 월 배당 400만원을 받습니다. 그러고는 회사를 떠나 경제적 자유를 누리는 파이어족이 됩니다. 직장인이라면 누구나 부러워할 만한 이야기입니다. 그런데 그는 자신과 같은 투자가 결코 어려운 일이 아니라고 말합니다. "꾸준함"(습관)만 갖고 있다면, 누구나할 수 있는 투자 방식이라고 말합니다. 월 배당 400만 원을 받기까지 무슨 일이 있었고, 무엇을 샀고 무엇을 팔았으며, 지금은 어떤 식으로 투자하고 있는지. 황금별의 미국 주식 투자 습관을 확인해보겠습니다.

황금별의 미국 주식 배당 ETF 투자 습관

40에 시작한 시스템 소득 만들기

황금별 지음

좋은습관연구소

황금별의 투자 히스토리

은퇴 준비 : 2019년

★ 2019년: 40대 평범한 직장인으로 열심히 회사 생활을 하던 중 사일로 문화(부서별 이기주의)와 직장 상사와의 갈등 등으로 가벼운 공황장애를 겪음.

★ 2019년 1월(당시 42세): 50세가 되기 전, 좋아하는 여행과 좋아하는 일을 함께 하며 사는 경제적 자유를 꿈꾸기 시작.

초기 투자 경험 : 2020년

★ 2020년 3월: 대형 서점에서 여러 재테크 책을 사고, 오프라인 재테크 강의도 참석하는 등 자산과 라이프 스타일을 고려한 투자 방법 등을 모색. 그러던 중 미국 배당주 투자를 접

하게 되고 이를 경험해보기로 함(국내 주식 투자 경험은 이미 10년 정도 됨).

★ **2020년 4월**: 30만 원을 환전, 미국의 통신기업 AT&T를 매수, 첫 배당금의 짜릿한 경험을 맛봄. 본격 투자에 앞서 1인 법인을 셀프로 설립함(자본주의의 꽃인 '법인'을 직접 경험해보기로 함. 세금 헷징의 이유도 있었음). 이때의 경험은 현재 〈법인으로 미국 주식 투자하기〉 콘텐츠 강의로 연결되어 월 500만 원 이상의 수입을 올려주고 있음.

★ **2020년 5월**: 저축 1천만 원으로 코카콜라, 존슨앤존슨, 맥도널드 등 미국의 배당킹 종목에 투자.

★ **2020년 7월**: ETF 공부를 시작.

★ **2020년 9월**: 개인연금, 종신보험 등 갖고 있던 금융 상품을 모두 해약한 후 투자금을 7천만 원으로 늘림.

★ **2020년 11월**: 미국 주식 투자와 경제적 자유를 얻고자 준비하는 과정을 공유하고자 〈황금별의부자노트〉 유튜브 채널 개설.

★ **2020년 12월**: 약 1년 동안 미국 배당 투자를 경험한 후 배당소득으로 은퇴 준비를 하기로 결심. 그 시점을 2025년으로 잡음.

본격적인 미국 배당 투자 시작 : 2021년~ 2022년

★ **2021년 1월:** 서울 소형 재건축 아파트 한 채만 남기고, 실거주 아파트를 매도한 후 전세로 이사. 총 3억 원의 종잣돈을 마련, 본격 투자에 돌입.

★ **2021년 1월:** 3억 원으로 미국 배당 ETF에 투자, 배당금을 받으면 다시 재투자하는 방식으로 시작.

★ **2021년 1월 ~ 2022년 11월:** 23개월 동안 받은 월배당금으로 매월 ETF 한 종목을 집중 매수, QYLD를 1,000주까지 모음.

퇴사 및 파이어족으로 살아가기 : 2023년

★ **2023년 1월:** 그동안의 투자 과정을 점검했더니, 꾸준한 적립식 투자의 중요성, 시장 변화에 일희일비하지 않는 것, 시장을 떠나지 않고 인내심을 갖고 버텨내는 것의 중요성을 깨달음. 배당 투자자로 본격적인 은퇴 준비를 시작.

★ **2023년 4월:** 만 20년을 다닌 직장에서 희망퇴직을 신청.

★ **2023년 5월:** 퇴직금과 희망퇴직 위로금으로 2억 원을 추가, 투자 원금 5억 원까지 확장. 고배당 ETF 중심으로 포트폴리오 전환, 배당금을 받으면 1/3은 달러 저축, 1/3은 ETF 재투자, 1/3은 생활비 사용으로 계획 수립.

★ **2023년 6월:** 증권사, 백화점 문화센터 등 다양한 곳으로부터 강연 및 유튜브 출연 제안을 받음.

★ **2023년 10월:** 미국 주식 배당 투자 강사 및 증권사 강의, 유튜브 경제 채널 출연 등 강의 활동 시작.

경제적 자유와 인생2막 : 2024년

★ **2024년 1월:** 디올뉴그랜저 차량을 법인으로 렌트, 비용 납부를 위해 고배당 ETF에 투자하는 프로젝트를 시작.

★ **2024년 7월(현재):** 채널 구독자수 3만 명 돌파, 콘텐츠(유튜브 등) 수익 월 100만 원 달성, 미국 주식 월배당 소득 450만 원 달성. 별도의 강의 소득 월 500만 원까지 합하게 되면 대략 월 1천만 원의 현금 흐름이 발생.

프롤로그.
40대 평범한 직장인 황금별의
행복한 은퇴 준비 이야기

지금의 40대(중후반)는 사회 진출을 막 시작하던 이십대 후반에는 IMF 외환 위기(1997년)를 경험했고, 직장에서 일을 배우고 실력을 쌓던 서른 후반에는 금융위기(2008년)를 경험했습니다. 그러다 지금의 40대가 되어서는 코로나 팬데믹(2021)이라는 또 다른 경제 위기를 경험했습니다. 어쩌다 보니 10년마다 계속해서 경제 위기를 경험한 세대가 되었습니다. 그래서 호황이라는 단어보다 불황, 불경기라는 단어에 더 익숙합니다. 이들의 인생 후반전은 어떨까요? 또다시 경제 위기 같은 게 나타날까요?

40부터 시작하는 노후 준비

대외 의존도가 심한 우리나라는 '신냉전'이라고 불리는 대외 환경을 맞이하고 있습니다. 우리에게는 너무나도 중요한 시장인 중국의 끝 모를 경기 침체, 미중 패권 다툼, 그 사이에서 이러지도 저러지도 못하는 정치 상황, 내부적으로는 고물가와 고금리, 실질 소득의 감소 등 한마디로 예전에도 그랬고 지금도 그렇고 앞으로 그럴 것처럼 경제 상황은 팍팍하기만 합니다.

하지만 닥쳐올 경제 위기보다 은퇴 이후의 삶, 인생 후반전에 고민은 더 가 있습니다. 나이로 보면 소득이 안정적이고, 사회 기반도 가장 튼튼해야 할 시기지만, 곧 닥쳐올 50대를 생각하면 아무 준비도 못 한 현실이 불안하기만 합니다. 직장 생활은 언제까지 할 수 있을지 고민이고 퇴직해서는 무엇을 해야 할지 감도 안 잡힙니다.

한국 사회의 노인 빈곤율은 OECD 국가 중 1위를 차지할 정도로 열악합니다. 사회보장 제도나 의료보험 제도 등이 어느 정도 잘 갖춰졌다고 하지만 빈 구석이 너무 많습니다. 그러다 보니 국가만 믿고 있을 순 없다는 생각에 이런저런 연금을 추가로 준비하고 부동산 투자 등으로 월 고정 수입을 만듭니다. 하지만 이런 준비도 내가 얼마나 여유가 있느냐 그리고 자금이 넉넉하냐에 따라 크게 달라집니다.

아무래도 40대 때는 소득이 꾸준히 늘어나는 것만큼 지출도 증가하는 시기입니다. 자녀 양육비, 주택 마련 자금 같은 기본적인 지출 외에도 외식과 여행 등의 약간의 과시적 소비도 증가합니다. 그래서 무조건 돈을 모으는 방식보다 소득과 지출, 재무 목표 관리에 중점을 두는 노후 준비가 필요합니다. 그리고 필요한 생활비를 따져보고 현금이 고정적으로 유입되게 하려면 어떤 곳에 투자해야 하는지도 알아야 합니다.

좋아하는 일로 소득을 올릴 수 있어야

한쪽에서는 팍팍한 경제 상황에 고삐를 바짝 쥘 수밖에 없는 상황이지만 또 한쪽에서는 파이어족, 조기 퇴사, N잡러 등으로 대변되는 조금은 자유로운 분위기가 있습니다. 즉, 경제적으로는 부족하더라도 하고 싶은 일과 좋아하는 일을 찾아, 즐겁게 살겠다는 것 또한 요즘 트렌드입니다.

하고 싶은 일이 있어서 퇴사하는 분이라면 그 일을 할 수 있는 곳으로 가서 열정을 불사르면 되겠지만, 마땅한 준비가 없는 분이라면 조직을 떠나기 전 이런 저런 고민을 하지 않을 수 없습니다. 그래서 이런 분들은 무턱대고 사표를 쓰기보다 다양한 사이드 잡 경험으로 자신에게 맞는 일을 찾고, 향후(은퇴 이후까지 포함) 고정 수입이 되는 현금 인컴(수입) 시스템을 구축하는 연습을 충분히 한 후에 회사를 나오는 것이 좋습니다. 저 역시도 배당 투자로 월 400만 원 이상의 현금 흐름이 창출되고 나서야 퇴직을 했습니다.

최근에는 AI 등으로 대표되는 디지털 기술 변화가 빠르고 누구나 이를 쉽게 이용할 수 있어 과거보다 훨씬 적은 노력과 비용으로 전문성 획득과 함께 수익 창출이 가능해졌습니다. 앞으로는 디지털 기술에 익숙한 사람과 그렇지 못한 사람의 차이는 극과 극이 될 것입니다. 그러니 좋아하는 분야를 찾아 이를 디지털 콘텐츠로 변환해보는 시도 등을 하면서 새로운 소득 창출의 가능성을 계속 타진해보는 것이 중요합니다.

자산 증식을 위한 글로벌 자산에의 투자

재테크로 다시 돌아오겠습니다. 선배 세대인 386세대가 부동산으로 자산 증식을 했다면, 지금의 40대는 글로벌 자산에 투자해야 합니다. 고성장 시대에나 가능했던 부동산 투자는 인구 감소와 초고령화 사회로 진입한 대한민국에서 더 이상 통하지 않을 것으로 봅니다. 그래서 국내보다는 해외로 눈을 돌려 글로벌 자산을 확보하는 것이 좀 더 현명합니다.

그럼, 어떤 곳에 투자하는 것이 맞을까요? 이제는 상식처럼 통하는 얘기지만 인구가 증가하면서 경제도 성장하는 국가(인도나 베트남 등)에 투자하거나, 세계 최대 자본주의 나라(미국 등)에 투자해야 합니다. 특히 자산 포트폴리오를 원화보다는 인플레이션에 강한 금이나 경제 위기에 안전판 역할을 할 수 있는 달러로 짜는 것이 좋습니다.

우리는 과거 IMF와 세계금융위기, 코로나 팬데믹 등의 경제 위기 때 원화 가치가 폭락하고 달러 가치가 상승하는 걸 목격했습니다. 월급쟁이 생활을 하던 분이야 별다른 타격 없이 지나왔을지 모르지만, 자영업자이거나 금융 자산으로 생활하던 분들에게는 다시는 상상하기도 싫은 끔찍한 사건이었습니다.

내 자산이 순식간에 반 토막 나는 걸 눈앞에서 목격하는 것은 쉬운 일이 아닙니다. 이런 사건들 이후 많은 분이 원화보다 달러 자산 확보에 열을 올렸습니다. 그리고 미국 주식의 배당킹 종목이나 배당 ETF에 직접 투자하기 시작했습니다.

자산 증식보다는 안정적인 현금 흐름

전세계적인 저성장 흐름과 대외 의존도가 높은 한국 시장에서 실물 자산이 큰 수익을 안겨준다는 보장은 없습니다. 내가 보유한 아파트 시세가 10억, 15억 원이라고 노후 준비는 충분하다고 생각하면 오산입니다. 우리는 심각한 인플레이션으로 급격한 금리 인상을 경험하기도 했고, 시세가 급락할 때는 부동산의 환금성이 문제가 되는 것도 경험했습니다. 그래서 40대 후반부터는 매월 들어오는 현금 흐름을 얼마나 증가시킬 수 있는지, 파이프라인을 어디에 어떻게 만들 수 있는지 구체적인 고민을 시작해야 합니다. 부채 비율도 줄여야 하고, 높은 수익률 대신 안정적인 종목으로 포트폴리오 전환도 해야 합니다. 그런 점에서 보면 배당주나 배당주 ETF 투자는 주가 방어가 가능하면서도 현금(3% 이상의 배당) 흐름도 확보할 수 있는 좋은 방법입니다. 결국 노후에 필요한 현금 흐름 목표를 세우고 생활비가 끊임없이 내 통장에 찍히도록 시스템 소득을 만드는 것이 노후를 위한 가장 중요한 준비입니다.

안정적인 현금 흐름을 위한 시스템 소득 구축을 위해서는 1) 상가나 오피스텔 또는 소형 아파트와 같은 부동산 투자를 통한 임대소득을 만드는 방법도 있고, 2)국내 주식이나 미국 주식 배당주에 투자해서 배당소득을 만드는 방법도 있습니다. 그리고 3)유튜브나 블로그, 인스타그램 등을 통해 콘텐츠 소득을 만드는 방법도 있습니다.

1번은 앞서 언급했듯 우리나라의 인구가 감소하고, 디지털 환경으로 급변하는 시대에는 적합하지 않은 투자입니다. 2번은 자본주의라는 시스템이 붕괴하지 않는 한 우리 같은 평범한 사람들이 시스템 소득을 위해 구축해둬야 할 필수 자산입니다. 그리고 3번은 엄밀히 말하면 시스템 소득이라고 하기에는 한계가 있습니다. 게다가 콘텐츠를 만드는 것에는 당연히 시간과 노력이 들어갑니다. 그래서 저는 2번에 대한 준비를 강조하고 싶습니다.

시장앞에 겸손, 실력을 쌓는 노력

보통은 20대부터 사회생활을 시작, 소득의 많은 부분을 저축해서 종잣돈을 모읍니다. 30대부터는 소득이 증가하면서 본격적으로 부동산과 주식 등 실물자산에 투자합니다. 40대부터는 소득도 높아지고 부동산과 주식 투자에 대한 성과도 나타납니다. 그간의 경험으로 이제는 재테크에 대해서 어느 정도 알고 있는 것 같은 기분도 듭니다. 하지만 이때 타인의 생각을 좀처럼 받아들이지 않고, 자기 생각만 고집하다 보면 실수를 하게 됩니다.

20대와 30대 시절에는 실수를 해도 몇 번의 기회가 더 찾아오지만, 40대 후반의 실수는 치명적입니다. 회복할 수 있는 시간이 부족하기 때문입니다. 그래서 우리는 시장 앞에 겸손해야 하고, 얄팍함 대신 진짜 지식과 경험으로 실력으로 쌓아야 합니다.

미래는 발견하는 것이 아니라 만들어가는 것이고 행동의 결과가 나의 미래를 만듭니다. 아무것도 하지 않으면 불안은 점점 커질 뿐입니다. 하지만 스스로 부딪치고 행동하면 어느새 불안은 저 멀리 사라집니다. 그래서 저는 아래 시를 틈틈이 되새깁니다.

내가 다시 산다면, 될 수도 있었으나
한 번도 되어보지 못한 사람으로 살고 싶다.
나는 오늘 말한다. 그래 그렇게 살아도 좋겠구나.

오늘, 한번 해보고 싶었으나,

한 번도 해본 적이 없는 일을 해봐야겠다.

- 조지 버나드 쇼(아일랜드 극작가)

공자는 논어에서 40대를 일컬어 '불혹'이라고 했습니다. 불혹이란 세상 일에 정신을 빼앗겨 갈팡질팡하거나 판단을 흐리는 일이 없다는 것을 뜻합니다. 아무쪼록 고수익에 대한 유혹에 흔들리거나 사람들의 경향에 휩쓸리기보다 은퇴까지 남은 기간과 자신의 투자 목적과 투자 성향을 고려해서 자신만의 확고한 투자 철학을 세웠으면 합니다.

인생의 본 게임은 지금부터가 시작입니다! 이 책으로 미국 주식 배당 투자로 시스템 소득을 만들어 가는 방법에 대해 알려 드리겠습니다. 그리고 파이어족이 된 저의 경험을 여러분께 들려 드리겠습니다. 부디 이 책이 행복한 시간 부자로 살아가기 위한 즐거운 준비 과정이 되었으면 합니다.

목차.

3부. 다양한 배당 상품(ETF) 이해하기

4부. 경제적 자유를 이룬 파이어족 되기

1부.
왜 "지금" 미국 주식이고, 배당주인가?

1
미국 주식에 투자해야 하는 이유

부동산 투자나 국내주식 등 여러 투자 방법이 있는데, 왜 황금별은 미국 주식 그것도 배당주 투자냐? 궁금해하실 것 같습니다. 지금부터 제가 2020년부터 은퇴 준비를 위해 미국 주식 배당 투자로 현금흐름을 만들어 온 과정에 대해 짧게 이야기해보겠습니다.

부동산 투자는 수많은 규제 정책과 세금 등으로 이익 보기가 쉽지 않습니다. 그리고 무엇보다 환금성이 떨어집니다. 사고팔기가 어려워 급하게 목돈이 필요할 때 이에 대한 대비가 힘듭니다. 제가 재건축 아파트를 소유하게 되긴 했지만, 그 과정이 순탄치만은 않았습니다.

주식 투자는 30대 초반부터 시작해서 약 10여 년간 경험해 보았습니다. 하지만 개인 투자자로서 정보력의 한계를 깨달았습니다. 더욱이 저는 사고파는 트레이딩에 재능이 없어, 제가 할 수 있는 일이 아니라고 생각했습니다. (제 생각에 이런 걸 잘하는 사람은 아주 예민한 감각과 두둑한 배짱이 필수고, 온종일 시황판을 볼 수 있는 여유? 집중력?도 있어야 합니다).

그러다 40대 중반, 직장 생활을 한 지도 만 20년 가까이가 되었습니다. 더이상 젊고 패기 있고 도전적일 수 없겠다는 생각이 들었습니다. 제 위치도 불안했습니다. 언제든 그만두거나 구조 조정 대상이 될 수 있었습니다. 그래서 급여소득 외에 제가 매달 얻을 수 있는 현금 흐름에 대해 관심을 두기 시작했습니다.

주식 투자로 한국 시장에서는 그다지 재미를 못 본 저는 미국 주식에 눈을 돌렸습니다. 그리고 미국과 한국의 지수 차트를 비교해보다, 세계 최대의 자본 시장인 미국 시장에 투자하는 것이 더 안전하게 자산을 증식시킬 수 있는 방법이라고 생각했습니다.

아시다시피 미국 주식에 투자한다는 것은 세계에서 가장 안정적인 통화인 달러로 각 분야의 글로벌 탑 기업에 투자한다는 뜻입니다. 한국 기업의 경쟁력이 갑자기 떨어지거나 하진 않겠지만, 인구 고령화와 세계 최저 수준의 출산율을 보게 되면 앞으로 10년 후 그리고 20년 후에도 한국의 기업들이 계속 성장하며 주주들에게 그 과실을 나눠줄지 확신이 서지 않습니다.

이런 이유로 미국 주식, 특히 배당주에 투자하게 되었습니다. 지금까지 총 5억 원으로 미국 주식 배당주에 투자했고 그 기간은 4년 정도가 됩니다. 그사이 제가 받은 배당금은 9,435만 원입니다.

저는 40대 중반에 월배당금이 400만 원 이상이 되는 것을 확인하고 미련 없이 회사를 그만뒀습니다. 4년 동안 받은 소중한 배당금 9,435만 원을 모두 달러로 적립했거나, 다른 ETF에 재투자했다면 평가자산은 더 늘어났겠지만, 배당금의 1/3은 퇴직 후 지금까지 스무 차례가 넘게 해외여행을 다녀오는데 썼고 일부는 생활비로 사용했습니다.

지금은 직장인의 때를 벗고, 몸과 마음을 새롭게 리프레시

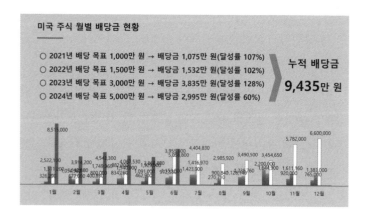

하고 열심히 투자 관련 콘텐츠를 만드는 등 제 2의 인생을 살고 있습니다.

미국 주식에 투자해야 하는 이유

미국 주식하면 미국 돈인 달러로 환전하는 것부터 시작해서 모든 게 낯설고 어렵게 느껴집니다. 그래서 미국 주식 투자는 투자 경험이 많은 고수나 하는 일이라고 오해합니다. 그리고 영어에 대한 울렁증을 갖고 있는 분도 많습니다. 하지만 미국 주식이라고 해서 국내 주식 투자보다 특별히 더 복잡하거나 그렇진 않습니다.

주식 투자를 처음 시작할 때를 떠올려 보면, 모바일 앱 사용법부터 매수 매도 주문까지 모든 게 다 낯설었습니다. 하지만 한두 번 경험해보면 누구나 하는 것처럼 미국 주식 투자도 똑같습니다.

우리 나라의 해외 금융 투자액은 매년 크게 증가하고 있습니다. 서학 개미(해외 주식에 투자하는 사람)의 주식 및 채권 투자액은 2011년 78억 달러(약 10조 원)에 불과했지만, 2021년에는 2,592억 달러로 33배나 급증했습니다. 심지어 국민의 세금(?)을 받아서 운영되는 국민연금도 2010년 33조 원에서 2021년 320조 원으로 10배 넘게 해외 주식에 투자하고 있습니다. 이런 분위기에 맞춰 국내 증권사들도 투자자를 유치하고자 계좌 개설

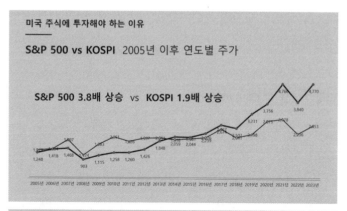

미국 주식에 투자해야 하는 이유

S&P 500 vs KOSPI 2005년 이후 연도별 주가

S&P 500 3.8배 상승 vs **KOSPI 1.9배 상승**

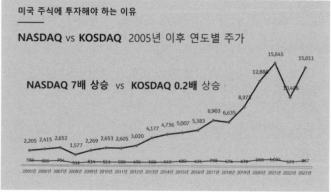

미국 주식에 투자해야 하는 이유

NASDAQ vs **KOSDAQ** 2005년 이후 연도별 주가

NASDAQ 7배 상승 vs **KOSDAQ 0.2배 상승**

이벤트, 환전 우대, 세금 대행 신고 등을 서비스하고 있습니다.

다들 미국 주식에 열광하는 이유는 무엇일까요? 앞에서도 잠깐 말씀드리긴 했지만, 좀 더 구체적으로 왜 미국 주식인지, 다섯 가지로 답변을 드려볼까 합니다. 어쩌면 요즘은 상식이 돼버린 이야기일지도 모르겠습니다.

세상을 변화시키는 최고의 혁신기업들이 모여있는 시장

미국 주식 시장 시가총액 순위			한국 주식 시장 시가총액 순위		
순위	기업	시가 총액	순위	기업	시가 총액
1	마이크로소프트	4,226조 원	1	삼성전자	500조 원
2	애플	3,531조 원	2	SK하이닉스	133조 원
3	엔비디아	2,983조 원	3	LG에너지솔루션	88조 원
4	구글(알파벳A,C)	2,583조 원	4	삼성바이오로직스	57조 원
5	아마존닷컴	2,516조 원	5	삼성전자 우	56조 원

2024년 4월 기준

첫 번째는 미국 주식은 계속해서 우상향한다는 믿음 때문입니다. 위의 이미지는 미국을 대표하는 S&P 500지수(시가총액 상위 500개 기업 대상)와 국내 코스피 지수의 2005년부터 2023년까지 연도별 주가 흐름입니다. S&P 500지수는 2023년까지 3.8배 성장했지만 국내 코스피지수는 1.9배 성장에 그쳤습니다. 기술주 중심인 나스닥과 코스닥을 비교하면 차이가 더 크게 벌어집니다. 나스닥이 7배 성장할 동안 코스닥 성장률은 0.2배로 제자리걸음만 했습니다.

두 번째는 미국 주식 시장이 풍부한 유동성을 가진 세계 최대의 자본주의 시장이기 때문입니다. 우리나라는 세계 10대 경제 대국이지만 전 세계 주식 시장에서 차지하는 비중은 2% 미만에 불과합니다. 반면, 미국의 주식 시장은 어떨까요? 미국의 뉴욕증권거래소와 나스닥시장은 전 세계 시가총액의 30%를 점유하고 있습니다. 시가총액 기준으로는 무려 43조 달러에 해당합니다. 2조 달러의 국내 시장보다 스무 배 이상이나 큽니다. 한 나라의 주식 시장이 세계 전체의 절반이니 풍부한 유동성과 안정성을 의심할 필요가 없습니다.

세 번째는 세상을 변화시키는 최고 혁신 기업들에 투자할 수 있기 때문입니다. 미국은 세계에서 가장 큰 자본 시장인 동시에 가장 투명한 시장입니다. 미국 증권거래위원회(SEC)는 시장 규제 기관으로 공정성이 유지될 수 있도록 철저히 관리합니다. 꼭 이것 때문만은 아니지만, 공정한 시장 경쟁과 미국 특유의 프론티어 정신이 합쳐져 혁신 기업이 끊임없이 등장합니다. 실제 보스턴컨설팅그룹(BCG)가 발표한 'Most Innovative Companies 2021'에 따르면 세계에서 가장 혁신적인 50대 기업 중 27개사 (54%)가 미국 기업입니다. 당연히 이들 기업은 미국 주식 시장에 상장되어 있습니다. 현재 세계 시가총액 1위 기업인 애플부터 세계 최고 반도체 회사 엔비디아, 전기차 1위 기업인 테슬라까지 혁신 기업이 지속해서 등장하고 있는 곳이 미국입니다. 미국 증시의 잠재력에 투자하지 않을 수 없는 이유입니다.

네 번째는 미국 기업은 자사주 매입과 적극적인 배당 정책을 통해 주주가치를 실현한다는 점입니다. 자사주 매입은 대표적인 주주 친화 정책입니다. 기업이 자사주를 사들이면 시장에서

유통되는 주식 물량이 줄어들어 당연히 주가는 오르고 배당금도 증가합니다. 애플은 지난 2021년 자사주를 855억 달러(약 111조 원)어치를 사들여 소각했고, 이 기간에 애플의 주가는 130달러에서 170달러로 상승했습니다. 이처럼 미국의 주주환원율은 89%로 한국의 28%보다 훨씬 높습니다.

안타깝지만 국내 기업들은 배당에 대한 변동성도 크고 배당 문화도 제대로 갖고 있지 않습니다. 경기가 안 좋아지거나 경제 위기가 찾아오면 배당금을 삭감하거나 중단하는 사례도 많습니다. 2021년 코로나 팬데믹 시기, 국내 대표적인 배당 종목인 현대자동차 우선주나 에스오일 그리고 국내 대형 은행들의 배당 삭감은 주주와의 신뢰를 저버린 대표적인 행동으로 손꼽힙니다.

다섯 번째는 경제 위기가 와도 원달러 환율 상승으로 나의 자산이 보호되는 측면이 있다는 점입니다. 이를 두고 '환 쿠션 효과'라고 합니다. 원달러 환율은 1950년대 말에는 2.5원, 1960년대 말에는 65원, 1970년대 말에는 316원, 1980년대 말에는 660원이었습니다. 그러다가 1990년대 들어서서 900원대로 상승하더니, 2000년 이후로는 1,050원과 1,150원 사이에서 왔다갔다 했고, 2020년 들어서는 1,200원에서 2024년 4월 현재 1,350원까지 상승했습니다. 이렇듯 원화 대비 달러의 가치는 시대가 갈수록 상승했습니다. 달러를 갖고 있기만 해도 원화로 환산한 가치는 계속해서 높아졌습니다. 그래서 미국 주식 투자는 주가가 오르는 수익 상승도 기대할 수 있지만 환차익 상승도 기대해 볼 수 있습니다.

우리는 1997년 IMF 외환위기, 2008년 세계금융위기라는 두 번의 커다란 경제 위기를 경험했습니다. 경제 위기가 발생하면 부동산과 주식 같은 실물 자산은 폭락합니다. 하지만 위기가 올 때마다도 아이러니하게도 급등하는 것은 '달러'였습니다. 외환위기 당시 원달러 최고 환율은 1,962원, 세계금융위기 당시는 1,570원이었습니다. 미국 주식에 투자했다면 보유한 종목의 주가는 떨어졌겠지만 환율이 오르는 것으로 손실 일부는 커버할 수 있었습니다. 더 이상 손실이 나지 않는 안전장치를 얻은 셈입니다.

잠깐, 셈 한 번 해보겠습니다. 어떤 종목을 10달러에 매수했는데 당시 적용 원달러 환율이 1,100원이었습니다. 이때 원화 매수가는 11,000원입니다. 그런데 경제위기가 발생해서 주가가 -30%나 폭락해서 주가가 7달러로 주저앉았습니다. 하지만 달러 가치는 오히려 1,400원으로 치솟았습니다. 투자자의 손실은 달러 평가액으로는 -30%지만, 원화로 환산한 평가액은 -11%에 불과합니다.

지금까지 말씀드린 다섯 가지 이유를 보게 되면 당연히 수익을 거둘 확률이 높은 시장에 투자하는 것이 정석입니다. 저출산과 고령화로 국가적 위기를 맞고 있는 대한민국에 투자하는 것

경제위기시 환쿠션 효과로 하락장에 방어적 대응이 가능

평화롭고 안정적 시기

주가	환율	원화 매수가
$ 10	1,100원	11,000원

경제위기 발생시

주가	환율	원화 매수가
$ 7	1,400원	9,800원
-30%	+27%	-11%

보다, 달러 기축통화국이자 세계 최대 자본주의 국가이며 투명하고 주주 친화적인 기업 문화를 가지고 있는, 게다가 세상을 변화시키는 혁신 기업이 끊임없이 쏟아져 나오는 미국에 투자하는 것이 현명한 선택일 수밖에 없습니다.

물론, 어디까지나 선택은 투자자의 몫입니다. 누구도 미래를 쉽게 장담할 순 없으니까요. 하지만 저는 자본주의 시장이 붕괴하지 않는 한, 향후 몇십 년간은 미국이 세계 최대 자본주의 국가의 패권을 유지할 것이라고 믿습니다.

2
배당주에 투자해야 하는 이유

미국 주식 중에서도 이왕이면 배당주에 투자해야 하는 이유를 알아보겠습니다. 배당주란 한마디로 배당을 잘 주고, 배당 수익이 다른 주식 대비 큰 주식을 말합니다.

배당이란

주식 시장에 상장된 기업이 자신이 벌어들인 이익을 처리하는 방법에는 몇 가지가 있습니다. 기업 목적과 재무 상태에 따라 다음과 같은 방법으로 처리합니다.

첫 번째는 성장을 위한 재투자입니다. 기업은 이익금으로 미래 사업을 위한 기술 개발을 하기도 하고 신규 사업을 벌이기도 합니다. 보통 성장주들이 여기에 해당합니다.

두 번째는 주식 시장에서의 자사주 매입입니다. 기업이 자사주를 사들이면 일반적으로 주가는 상승합니다. 전체 주식의 수가 줄어드니 당연히 주당 가치는 올라갑니다. 그래서 주주들은 기업이 자사주를 매입 소각하는 행위를 긍정적으로 인식합니다. 특히 주주 가치 실현을 최우선으로 삼는 미국 기업은 자사주 매입과 소각을 배당보다 더 큰 주주 환원 정책이라 보고 적극 활용합니다. 얼마 전까지만도 전 세계 시가총액 1위 기업이었던 애플은 2022년 한 해에만 855억 달러(약 102조 원)의 자사주를 매입해서 소각했습니다. 이 기간동안 주가는 130달러에서 170달러로 큰 폭의 상승을 기록했습니다. 국내 시가총액 1위 기업인 삼성전자와 비교해보면 애플 주가는 2018년부터 2021년까지 네 배가 상승했지만, 삼성전자는 자사주 매입이나 소각이 전혀 없었고 주가도 1.5배 상승하는데 그쳤습니다.

세 번째는 주주에게 배당금을 지급하는 것입니다. 배당이란 기업이 이익의 일부를 주주에게 지급하는 것입니다. 자본을 투자하고 지속해서 성과가 나오도록 지지해준 주주에게 높은 수익률로 감사를 표하고, 계속해서 주식을 장기간 보유하게끔 인센티브를 제공하는 것입니다. 투자자들은 기업의 꾸준한 배당을 보면서 실적 증가에 대한 경영진의 자신감, 지속 성장을 예견하는 일종의 시그널로 인식합니다. 그렇기에 기업의 배당 증가는 기업의 투자 매력을 높이고 주가 상승을 이끕니다.

　배당금의 지급 주기는 분기, 반기, 연간 등 실적 발표 주기와 일치하는 경우가 많지만 법률상의 의무는 아니기 때문에, 어느 시점이든 자유롭게 지급할 수 있습니다. 예를 들면, 자회사 매각 등의 이유로 상당한 자금 유입이 발생해도 배당금을 지급할 수 있고, 반대로 그동안 꾸준하게 배당을 지급해 온 기업이라도 대규모 현금이 필요한 상황(큰 규모의 투자나 인수로 말미암은)이면 배당금 지급을 미루거나 하지 않을 수 있습니다.

　통상 기업이 인수합병을 앞두고 있거나 기업 분할처럼 중대한 사업 구조 조정 등으로 배당 삭감이나 중단을 발표하게 되면 주가는 일시적으로 변동을 겪습니다. 2022년에 37년간이나 배당금을 증액시켜 온 배당귀족주이자 미국을 대표하는 거대통신 기업인 AT&T의 배당 컷(배당 삭감) 사례를 참고해 볼 수 있습니다. 회사는 통신 사업의 성장성 한계로 지역케이블TV와 워너미디어브라더스를 인수하는 등 새로운 사업에 도전했습니다. 하지만 신규 사업이 기존 사업과 시너지 효과를 내지 못하면서 막대한 부채와 이자 부담이 가중되었습니다. 결국 37년 동안 이어왔던 배당귀족주의 지위를 내려놓습니다(일시적으로 배당을 삭감함으로써). 그동안 AT&T를 신뢰하면서 오랜 기간 투자해왔던 충성주주들이 떠나면서 주가는 하락하고 기업 가치는 곤두박질 쳤습니다.

정리해보면, 일반적으로 규모가 작은 기업이거나 새로운 시장 상황을 맞아 연구 개발이나 내부 구조조정 등의 이유로 비용이 증가하는 경우 기업은 주주에게 배당하는 대신 확보된 이익금으로 새로운 투자를 하는 데 씁니다. 반면, 오랫동안 꾸준한 성장을 해온 기업은 당장 급격한 성장 모멘텀은 없지만 꾸준한 현금 수익을 바탕으로 배당을 지급합니다. 그래서 기업 규모가 크고 안정된 수익 모델을 갖고 있으며, 오랫동안 배당 정책을 잘 지켜온 기업이 스타트업이나 중소기업보다 높은 배당을 지급할 가능성이 높습니다.

"코카콜라냐? 테슬라냐?"

생활 자금 조달을 위해 정기적인 배당금이 필요한 은퇴자, 주식으로 패시브 인컴(일하지 않아도 '따박따박' 들어오는 수입, 시스템 소득이라고도 하고, 자본 소득이라고도 한다)을 추구하는 투자자는 배당 지급 실적이 양호한 기업에 더 많은 투자를 합니다. 배당을 지속적으로 지급해 온 대표적인 기업으로는 워런 버핏을 부자로 만들어 준 코카콜라가 있습니다.

코카콜라는 무려 62년간 배당금을 지급했을 뿐만 아니라 62년 동안 매년 배당금을 늘려 온 대표적인 배당킹(황제)주입니다. 코카콜라는 더 이상 투자가 필요 없을 정도로 잘 갖춰진 음료 공장 인프라와 30%에 육박하는 높은 영업이익률을 기반으로 주주들에게 이익을 나눠주고 있습니다. 하지만 전 세계 대부분 국가에 진출해있기 때문에 더 이상 매출액 성장을 기대하기는 어렵습니다. 즉, 기업의 성장이나 주가 상승을 기대하기는 어려운 편입니다.

반면, 미국 주식 시장 내 시가총액 10위 안에 드는 세계 최고 전기차 기업인 테슬라는 배당을 한 푼도 지급하지 않습니다. 이유는 전기차 인프라 및 자율주행 환경 구축 등 다양한 신사업분야에 계속해서 투자해야 하기 때문입니다. 즉, 배당 지급을 안 하는 대신 기술 개발과 신사업 투자로 기업의 매출을 늘리고 주가 상승을 이끌어 주주들을 만족시키는 전략입니다.

"코카콜라냐? 테슬라냐?"는 "성장주냐? 배당주냐?"와 똑같은 질문입니다. 성장하는 기업의 미래 가치를 보고 시세차익을 목표로 하는 '성장주 투자자'와 전통 기업의 지속성을 보고 현금 흐름을 목표로 하는 '배당주 투자자'. 주식 투자에서 둘 중 무엇이 나은지에 대한 논쟁은 끊임없이 있어왔습니다. 그리고 수많은 애널리스트와 전문가들이 빅데이터를 돌려가며 비교 자료를 제시하기도 했습니다.

하지만 투자자 각자는 투자금의 규모나 라이프스타일, 투자 목표와 투자 기간 등 모든 것이 다릅니다. 경쟁이 치열한 주식 시장에서 살아남기 위해서는 내가 어떤 성향을 가진 투자자인지 잘 파악한 다음 투자의 방향성과 구체적인 목표를 잘 설정하는 것이 중요합니다. 그래서 성장주냐 배당주냐의 논란에서 정답이란 있을 수 없습니다.

만약 조기 은퇴를 하고 시간적 경제적으로 자유로워지길 원하는 파이어족을 꿈꾼다면, 그래서 현금 흐름 창출을 목표로 한다면, 저는 여러분을 '배당주 성향의 투자자'라 보고 배당주 투자를 권해 드립니다. 저 역시도 현재 미국 주식 중에서도 배당주에 중점적으로 투자하고 있습니다.

투자 세계에 정답은 없습니다. 캐시 우드(성장 잠재력이 높은 기술주 중심의 투자를 선호하는 아크인베스트먼트의 대표)처럼 잠재력과 성장성을 보고 과감한 투자를 결정하는 사람도 있고, 워런 버핏처럼 장기적인 관점을 가지고 흔들리지 않는 가치 투자를 선호하는 투자자도 있습니다. 그리고 영화 《빅쇼트》의 마이클 버리처럼 시장에 역행하는 투자로 천문학적 수익을 내는 이도 존재합니다. 그리고 저, 황금별처럼 배당주 중심의 투자로 매월 받는 배당금을 중요하게 여기고, 재투자를 통해 고정급 형태의 파이프라인 만들기에 집중하는 투자자도 있습니다.

결국 시장에서 오래 버티는 투자자가 성공한 투자자입니다. 여러분은 어떤 투자자입니까? 어떤 투자자가 되기를 원합니까? 혹시 저와 비슷한 성향이거나 저와 동일한 투자 목표를 갖고 있다면 배당 투자에 집중해보는 건 어떨까요?

앞으로 이 책에서는 배당 투자와 관련해서 장점은 물론이고 꼭 기억해야 할 단점도 알려 드릴 예정입니다. 그리고 제가 현재 투자하고 있으면서 직접 추천하는 배당 상품(ETF 포함) 등도 소개할 예정입니다. 여러분의 성공 투자를 응원합니다.

3
미국 주식(배당주)에 투자하는 방법과 절차

'와타나베 부인'을 아시나요? '와타나베 부인'이란 일본의 경제 거품이 붕괴한 1990년 이후 일본의 가정에서 전통적으로 가계의 저축 및 투자를 전담해 온 일본의 가정주부를 지칭하는 말입니다. 소위 일본의 '아줌마 부대'입니다.

1990년대부터 인구가 감소하고 고령화 사회로 접어들며 경제가 침체하고 저성장의 시대로 전환됨에 따라 일본에는 자국의 부동산 자산이나 주식에 투자하는 대신 미국을 비롯한 해외 자산에 투자하는 일본인이 많아졌습니다. 저금리를 이용해 엔화를 빌린 다음, 이를 달러에 투자하는 식이었습니다. 이런 식의 투자를 일본의 주부들이 많이 하면서 '와타나베 부인'이라는 닉네임이 붙었습니다. 이와 비슷하게 유럽에는 '소피아 부인'이 있습니다. 소피아 부인은 유럽의 약세 통화를 빌려 해외 자산에 투자합니다. 그렇다면, 우리나라에서는 이런 투자자가 없을까요? 이들을 뭐라고 부를까요? 우리나라에서는 부인 대신 개미를 붙여 '서학 개미'라 부릅니다.

이번 글에서는 서학 개미가 되기 위해 미국 주식 투자 절차와 방법에 대해서 간단히 알아보고자 합니다. 미국 주식 투자를 한 번도 안 해본 분들을 위해 투자 절차 등을 소개하고자 합니다. 이미 미국 주식 투자 경험이 있는 분들은 건너뛰어도 됩니다.

계좌 개설

우선 미국 주식에 투자하려면 증권 계좌를 갖고 있어야 합니다. 계좌개설은 대면, 비대면으로 모두 가능하고, 요즘은 대부분 비대면 온라인으로 개설합니다. 애플 앱스토어나 구글 플레이스토어에서 거래할 증권사를 검색해서 앱을 다운받고 안내 절차대로 계좌 개설을 하면 됩니다(신분증 정도만 준비하면 됩니다). 온라인 사용이 어려운 분들은 가까운 증권사 지점을 방문해야 합니다. 아마 이 책을 보시는 분들이라면 국내 주식 계좌는 갖고 있을 테니, 이 과정은 생략되어도 됩니다. 미국(해외) 주식이라고 해서 별도의 다른 계좌가 필요한 것은 아니니까요.

미국 주식 사는 법

스마트폰에서 모바일 앱을 이용하는 거래는 MTS(Mobile Trading System)라고 하고, 개인 PC를 사용하는 거래는 HTS(Home Trading System)라고 부릅니다. HTS는 전업 투자자들 외에는 잘 사용하지 않고 대부분은 MTS를 사용해서 간편하게 정보를 얻고 거래를 합니다. 이 책에서는 MTS 위주로 설명하겠습니다.

미국 주식 거래 역시 국내 주식과 크게 다르지 않습니다. 국내 주식은 우리나라 돈(원)으로 투자하는 것이지만, 미국 주식은 미국 돈(달러)으로 투자해야 한다는 점에서만 차이가 있습니다. 그래서 거래를 위해서는 가장 먼저 한국 돈을 달러로 환전하는 일부터 해야 합니다.

환전 메뉴는 증권사마다 명칭이나 방식에 약간의 차이가 있지만 보통은 '외화환전' 또는 '환전'이라고 앱내의 검색창에 입력하게 되면 해당 메뉴로 바로 이동합니다. 이곳 메뉴를 이용해 환전할 금액을 결정하고 환전 신청을 하게 되면 환전이 됩니다. 환전된 금액은 '해외잔고'에서 확인할 수 있습니다('해외잔고' 확인 메뉴는 증권사 앱마다 조금씩 다를 수 있습니다).

그다음은 종목을 선택하고 매수하면 됩니다. 이는 국내 주식투자와 크게 다르지 않습니다.

원화 주문 서비스

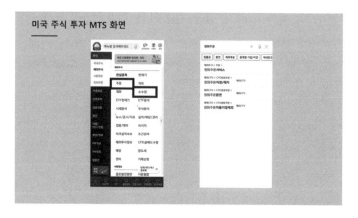

미국 주식 투자 MTS 화면

미국 주식 매수를 하려면 원화를 달러로 환전해서 거래해야 합니다. 이러한 불편함을 덜기 위해 증권사에서 고객의 니즈에 맞춰 원화로 주문할 수 있도록 별도의 서비스를 운영 중이기도 합니다. 미국 주식을 매수할 때 필요한 만큼 원화로 먼저 주문해서 매수한 다음, 환전 처리는 다음날 기준 환율로 처리됩니다. 예를 들어, 코카콜라 한 주가 60달러이고 현재 증권사 기준 환율이 1,100원이면 66,000원으로 거래 창에 뜨고 투자자는 예수금 계좌에 원화가 있다면 66,000원에 매수할 수 있습니다. 그리고 다음날 기준 환율로 재적용되어 정산됩니다. 정리하면, 미국 주식을 원화로 매수하게 되면 기준 환율 기준으로 보통 90~95%만큼 주문 가능금액이 생성되고, 매수 체결이 되면 주문일 다음날 오전 가(假) 환전율로 자동 환전이 이루어지는 방식입니다. (원화 주문 서비스는 증권사마다 이용 방법이나 절차 등의 차이가 있을 수 있습니다.) 증권사 앱에서 원화주문 서비스를 별도로 신청하면 원화로 간편하게 주문하는 서비스를 쉽게 이용할 수가 있습니다.

소수점 거래 서비스

최근에는 증권사들이 다양한 고객의 니즈를 반영, MTS를 통해 매일매일 자동으로 투자하는 기능부터 소액으로 소수점 투자를 할 수 있는 기능까지 정말 다양한 서비스를 제공합니다.

해외 주식은 주당 가격 차이가 매우 큽니다. 한 주에 만 원 하는 것부터 몇백만 원 이상 하는 것까지 정말 다양합니다. 몇백만 원 짜리 1 주를 살 돈은 없지만, 그럼에도 그 기업에 투자하고 싶다면, 1 주를 사는 것이 아니라 0.1주처럼 소수점 매매를 하면 됩니다. 그러면 누구나 적은 금액으로도 그 회사의 주식을 소유할 수 있습니다. (보통은 천 원 단위부터 투자할 수 있습니다.)

예를 들어 스타벅스의 주가가 100달러라고 가정하면 현재 환율 기준으로 13만 원이 넘습니다. 커피 한 잔을 안 마시고, 아낀 커피 값 5천 원을 갖고서 스타벅스 0.046…주를 살 수 있습니다.

거래 시간

미국과 한국은 시차가 있기 때문에 미국 시각에 맞추려면 한밤중에 거래하는 등 불편함이 있습니다. 늦은 새벽까지 시황을 보다가 잠을 자지 않고 충혈된 눈으로 출근하면, 건강에도 안 좋을 뿐만 아니라 본업에도 지장을 줍니다. 그렇지만 아래 사항들을 숙지하고 투자에 임한다면 충분히 숙면하면서도 미국 주식 투자를 할 수 있습니다.

미국 주식 시장은 본장인 정규장의 거래 시각이 있고, 그 외에 프리장, 애프터장이 있습니다. 본장에서만 사고팔 수 있는 거래가 이루어지는 게 아니라, 프리장과 애프터장에서도 주식을 사고팔 수 있습니다.

지금부터 설명하는 시각은 한국 시각입니다. 프리장은 18시부터 23시 30분입니다. 프리장은 정규장이 시작되기 전에 거래가 가능한 시간입니다. 기관투자자들이 주로 참여하고, 그날 정규장 시작 전의 분위기를 볼 수 있습니다. 정규장은 23시 30분부터 06시까지 입니다. 당연히 정규장에서 거래가 가장 활발하고 변동성도 가장 큽니다. 이때는 기관투자자들이 본격적으로 활동하는 시간대이고 전 세계적으로 개인 투자자들이 집중하는 시간대이기도 합니다. 애프터장은 06시부터 10시까지입니다. 애프터장은 정규장이 종료된 이후라 투자자들의 참여가 적은 편입니다. 따라서 거래량과 변동성도 상대적으로 낮습니다. 간혹 미국 기업들은 정규장이 끝난 후 해당 분기의 실적이나 다음 분기의 가이던스를 발표하는 기업들이 있어서, 이런 이유로 애프터장에서 변동성이 확대될 때도 있습니다.

미국에는 '서머타임'이라는 제도가 있습니다. 여름철 일광 활용 시간을 늘려 에너지를 절약하기 위한 이유로 도입되었습니다. 보통 3월 둘째 주 일요일부터 11월 첫째 주 일요일까지 시간을 한 시간 앞당겨 사용합니다. 2024년에는 3월 10일부터 11월 3일까지 진행이 됩니다. 이 기간 동안 한국과의 시차는 13시간에서 14시간으로 벌어집니다. 서머타임을 적용하면 앞서 설명한 프리장, 정규장, 애프터장은 한 시간씩 늦어집니다.

정리하면, 미국은 24시간 운영이 되는 만큼, 내가 언제든 들어가서 주식 거래를 할 수 있습니다. 그러니 일부러 정규장 시간에 맞춰 밤을 새우면서 주식 투자를 할 필요는 없습니다.

매매 시간 꿀팁

미국 주식 거래 꿀팁을 좀 더 덧붙이면, 보통 전략적으로 큰 자금을 투자할 경우라면 정규장 막판에 투자하는 것이 좋습니다. 정규장 마감 전 한 시간부터 30분 전후가 시장 변동성이 가장 심할 때입니다. 반면 매월 받는 배당금을 적립식으로 투자한다거나, 소액으로 투자하는 경우라면 프리장에서 매수 주문을 해두고 편안한 마음으로 잠을 자고, 애프터장을 활용해 전날 시장

동향을 파악한 후 아침 출근길에 매수하는 방식이 좋습니다. 다만 애프터장은 거래량이 많지 않아 매수 체결이 되지 않을 수 있으니 애프터장보다 프리장에 매수를 걸어두고 지켜보다 체결되지 않았다면 정규장 초반에 매수하는 방식을 쓰는 것이 좋습니다. 그러면 밤 12시 너머까지 시황판을 들여다볼 일은 거의 없습니다.

저는 매월 받는 배당금 중 절반 또는 1/3이상은 재투자를 합니다. 배당금은 오전 10시에서 12시 사이에 들어오는 경우도 있고 오후 2시부터 6시 사이에 들어오는 경우도 있습니다. 배당금이 들어오면 그날 바로 프리장에서 재매수를 합니다. 하지만 한 번에 많은 수량을 매수하거나, 포트폴리오 전환을 위해 매도 매수를 동시에 하는 경우라면 정규장 마감 1시간 전이나 30분 전부터 매매를 합니다.

황금별의 매매 루틴

통상 아침에 눈을 뜨면 제일 먼저 미국 시장 주요 지수를 체크합니다. 통상 '뉴욕 시황마감'이라고 검색하면 여러 뉴스를 볼 수 있는데, 주요 종목의 이슈나 환율과 금리 변화 등을 살펴봅니다. 이슈 사항이 있다면 이에 주목하고 좀 더 뉴스를 추가로 검색해보기도 합니다.

그리고 저는 배당금이 들어오는 날 거래를 합니다. 배당금이

들어오면 일부는 외화RP(일종의 단기채권으로 보유 기간 동안 이자를 받을 수 있다)를 사고(즉, 현금 보유를 하고), 또 일부는 배당받은 종목을 다시 사는 재투자를 합니다.

매매를 한 다음에는 엑셀에 기록을 남겨둡니다. 여러 증권사 계좌를 이용하다 보니 이를 모아서 한눈에 보는 게 필요한데 엑셀 정리가 이를 대신하는 역할을 합니다. 증권사별로 흩어진 것을 한 눈에 모아볼 수 있게 해줍니다.

외화로 현금(정확하게는 달러)를 모아가는 이유는 있을지 모를 위기(보유 종목 등이 갑자기 폭락하는 등)에 대비하자는 뜻이고, 재투자를 통해서 배당 종목을 늘리는 것은 당연히 현금 흐름을 증가시키기 위함입니다.

이런식으로 달러를 모아가다 환율이 유리해질 때(원화 가치가 떨어질 때)는 환전을 해서 원화 CMA 계좌에 넣어두고 이자를 받다가 다시 환율이 안정되면 달러로 환전하는 방식으로 현금 관리를 합니다.

정리하면, 배당금이 입금되는 날 거래를 하며, 거래의 반은 달러 현금 확보, 나머지 반은 추가 배당 종목 매입에 사용합니다. 이게 제가 현재 갖고 있는 거래 루틴이자 원칙입니다.

2부.
미국 배당주와
투자 이해하기

4
배당 황제주 중 시가총액 TOP 5 종목

배당주 투자를 통해서 배당액(현금 흐름)을 늘려가는 방법을 소개하면 다음과 같습니다.

첫 번째는 당연한 얘기겠지만 가처분소득(여윳돈)을 적립식으로 배당주에 속하는 기업이나 배당을 많이 주는 기업의 주식을 사두는 것입니다. 이는 매년 이자를 주는 적금이라고 생각하고 꾸준하게 투자하는 전략입니다.

두 번째는 배당액을 계속해서 늘여가는 기업(앞서 예를 든 코카콜라 같은 기업)이나 ETF에 투자하는 방법입니다. ETF는 특정 기업에 투자하는 것이 아니라 여러 기업을 묶거나 특정 지수에 연동시켜 위험을 분산시킬 수 있게 만들어둔 펀드입니다. 펀드지만 주식 시장에서 주식처럼 거래되는 특징을 갖고 있습니다.

주주 친화 기업이 많은 미국에는 매년 배당금이 늘어나는 기업이 많습니다. ETF도 마찬가지입니다. DGRO, DGRW, SCHD 등이 대표적인데, 이들을 '배당 성장 ETF'라고 부릅니다(DGRO는 블랙록에서 2014년에 출시한 배당 성장 ETF, DGRW는 위즈덤트리에서 2013년에 출시한 배당 성장 ETF, SCHD는 찰스슈왑에서 2011년에 출시한 미국을 대표하는 배당 성장 ETF입니다. 뒤편에서 자세히 다룹니다).

세 번째는 매월 또는 분기별 배당금을 재투자하는 방법입니다. 정기적으로 받는 배당금을 개별 종목이나 ETF에 다시 투자하는 것입니다. 주식 보유 수량을 늘려 결과적으로는 배당금이 증가하도록 하는 방법입니다.

배당주 투자를 해보면 생각보다 배당금이 불어나는 속도가 빠르다는 느낌을 받습니다. 미국 배당주는 월 또는 분기배당을 하기 때문에 월별로 배당 종목을 잘 구성하면 매월 일정한 금액의 파이프 라인을 구축할 수 있습니다. 예를 들어 4월, 7월, 10월, 12월에 배당이 들어오는 코카콜라와 2월, 5월, 8월, 11월에 배당이 들어오는 피앤지를 같이 투자하게 되면, 매달 은행 예금 이자 이상의 쏠쏠한 배당을 받게 됩니다.

배당주 종류

미국 주식은 배당성향도 높고, 분기배당이나 월배당 등 배당금 지급 시점도 다양합니다. 무엇보다 배당금을 늘려가는 배당 성장을 굉장히 중요하게 여깁니다. 그래서 투자자 입장에서 미국 주식, 그중에서도 배당을 잘 지급하는 기업은 매력적일 수밖에 없습니다. 미국 주식은 배당 지속 연한에 따라 배당 황제주, 배당 귀족주, 배당 챔피온으로 분류됩니다(이러한 분류는 투자자들 사이에서 통상적으로 나누는 기준으로 일종의 별칭 같은 것입니다).

세계최대의 자본 시장 미국 주식 시장(뉴욕증권거래소, 나스닥)에는 5,600개 이상의 기업이 상장되어 있고, 전체 종목의 36퍼센트인 2,000개 종목이 배당을 지급합니다. 2021년 기준으로 배당킹(50년 이상 단 한 해도 빠뜨리지 않고 배당액을 증가시킨 기업)

배당 그룹 소개

구분	배당 지속 연한	종목 수
배당황제주	50년 이상 연속 배당 증액	51개
배당귀족주	25년 이상 연속 배당 증액	67개
배당챔피온	10년 이상 연속 배당 증액	350여 개

그룹에 속한 기업의 숫자는 31개입니다. 그리고 2022년에 37개로 증가, 2023년에는 또 새롭게 14개 기업이 추가되어 총 51개 종목이 되었습니다. 1970년대 오일쇼크부터 1997년 아시아 금융위기와 2008년 세계 금융위기 그리고 2020년 코로나 팬데믹 위기까지, 수많은 경제위기에도 이 기업들은 단 한 번도 배당컷을 하지 않았습니다.

미국 기업들은 주주환원 정책이 잘 정착되어 있고 주주와의 약속과 신뢰를 매우 중요하게 생각합니다. 하지만 우리나라 기업들은 아직 배당 문화가 제대로 정착되어 있지 못하고, 경제위기가 발생하거나 기업의 이익이 감소하면 배당을 삭감하는 사례가 많습니다. 우리나라의 주식 시장을 불신하거나 저평가하는 이유도 이 때문입니다.

배당킹 TOP 5 종목

지금부터는 미국 주식 시장에 상장된 전체 5,600여 개 기업 중 단 51개 기업만이 속해 있는 배당킹(황제) 그룹 내 시가총액 1위에서 5위 종목을 소개하고자 합니다. '킹 오브 킹' '황제 오브 황제'입니다. 어떤 회사들이 있는지, 이 기업들의 주가 변화와 현재 배당률은 얼마인지, 얼마나 오랜 세월 동안 배당을 지속해왔는지 알아보겠습니다. TOP 5의 순위는 시가총액 기준입니다.

2021년 기준으로 배당킹 시가총액 TOP 5는 1위가 존슨앤드

존슨, 2위가 피앤지(프록터앤드갬블), 3위가 코카콜라, 4위가 로우스컴퍼니, 5위는 쓰리엠이었습니다. 하지만 2023년에 미국의 제약회사인 애브비가 50년 배당 지속 연한을 채우고, 세계 최대 할인 마트인 월마트가 새롭게 배당킹에 합류하면서 TOP5 내에서 순위 변화가 생겼습니다.

　2023년 기준 배당킹그룹 시가총액 1위는 월마트입니다. 작년까지만 해도 존슨앤드존슨이 부동의 1위였는데, 월마트가 배당킹 그룹에 합류하면서 시가총액 1위 자리가 바뀌었습니다. 2, 3위는 자연스럽게 한 계단씩 내려간 미국의 대표 제약주 존슨앤드존슨과 글로벌 생활용품기업인 피앤지가 차지했습니다. 4위는 작년에 배당킹 그룹에 합류하게 된 제약회사 애브비이고, 5위는 3위 자리에서 2계단이나 밀린 영원한 배당킹 코카콜라입

구분	Walmart ☀	Johnson&Johnson MEDICAL DEVICES COMPANIES	P&G	abbvie	Coca-Cola
산업 섹터	경기 소비재	헬스	필수 소비재	헬스	필수 소비재
시가총액 (23년 9월 13일 기준)	$4,429억 (586조 원)	$3,949억 (523조 원)	$3,608억 (478조 원)	$2,668억 (354조 원)	$2,527억 (335조 원)
배당지속연한	50년	61년	67년	51년	61년
배당주기 / 월	분기 배당 1월/4월/6월/9월	분기 배당 3월/6월/9월/12월	분기 배당 1월/4월/7월/10월	분기 배당 2월/5월/8월/11월	분기 배당 1월/4월/7월/10월

출처 : Simply Safe Dividends

니다.

시가총액 1위인 월마트는 미국의 대표적인 대형 할인점입니다. 시가총액은 4,429억 달러(한화로 약 586조 원)에 달합니다. 아마존이 등장한 이후 세계 최고의 유통 회사라는 타이틀은 내줬지만, 오프라인에서는 여전히 최강의 자리를 지키고 있습니다. 월마트는 특이하게도 매년 2월에 연간 배당 일정을 공시합니다. 분기배당을 하며 배당월은 1·4·6·9월입니다.

2위 존슨앤드존슨의 시가총액은 3,949억 달러(한화로 523조 원)입니다. 분기배당 종목이며 배당월은 3·6·9·12월입니다. 61년간 배당을 늘려 온 역사와 전통의 기업입니다. 전 세계가 고령화 문제를 겪고 있으며 소득 수준 상승에 따른 건강에 대한 관심 증대로 미래에도 꾸준하게 성장할 기업입니다. 미국의 부모님들은 자녀 이름으로 사주고 싶은 대표적인 종목으로 존슨 앤드존슨을 꼽습니다.

3위 피앤지(프록터앤드겜블)는 미국 필수소비재 섹터에서 시가총액 1위 기업으로 시가총액은 3,608억 달러(한화로 478조 원)입니다. 배당월은 1·4·7·10월입니다. 국내에는 엘지생활건강과 유한킴벌리 등이 확고히 자리를 잡고 있어서 피앤지를 잘 모르는 분도 있지만 다우니, 페브리즈, 질레트 등의 브랜드를 들으면 "아 그 회사야?" 하실 겁니다. 필수 소비재 섹터로 안정적인 실적이 예상되는 대표적인 경기방어주(호경기 불경기 여부와 상관없이 꾸준한 실적을 보인다는)입니다. 다만 2023년 2분기 이후 주가는 좋지 못한데요, 높은 인플레이션으로 인한 원자재 가격과 물류비용의 상승으로 원가 부담이 커진 이유로 해석됩니다. 그렇지만 전문가들은 배당킹 그룹 내에서도 가장 오랫동안(67년) 배당금을 늘려 온 기업이기 때문에 일시적인 위기는 충분히 극복해 낼 것으로 보고 있습니다.

4위는 작년에 새롭게 배당킹 그룹에 합류한 미국의 제약회사 애브비입니다. 애브비는 최근 관절염 치료제인 휴미라가 특허 만료되고, 복제약들이 출현하면서 장기 성장성에 의문 부호가 달리며 주가가 하락세였습니다. 차기 대표 상품인 스카이리치(중증 건선 치료제)와 린버크(류마티스 관절염 치료제)가 얼마나 성장해 주느냐에 애브비의 주가 향방이 달려있습니다. 시가총액은 2,668억 달러(한화 354조 원)이며 배당은 2·5·8·11월에 지급됩니다.

5위는 워런 버핏이 가장 사랑하는 영원한 배당킹 코카콜라입니다. 2년 전만 해도 코카콜라는 배당킹 그룹에서 시가총액 TOP 3에 자리하고 있었지만, 월마트와 애브비의 등장으로 5위로 밀려났습니다. 코카콜라의 시가총액은 2,527억 달러(한화 335조 원)이며 배당월은 1·4·7·10월입니다.

아쉽게 TOP 5에 들지 못했지만 6위는 코카콜라의 숙명적인 라이벌 펩시코입니다. 펩시코의 시가총액은 2,475억 달러(한화 330조 원)입니다. 시가총액 5조 원 차이로 라이벌인 코카콜라에 뒤이어 배당킹 6위를 위치했습니다. 시가총액 차이가 크지 않으므로 순위는 언제든 역전될 가능성이 있습니다. 식음료 업계 최강의 라이벌인 코카콜라와 펩시코의 순위 다툼은 언제나 흥미로운 관전 포인트입니다.

배당킹 TOP 5 종목의 성장률

배당킹 그룹의 시가총액 TOP 5 종목의 성과(매출 성장)를 비교해 보겠습니다. 지난 20년 연평균 성장률 부문에는 애브비가 압도적입니다. 매년 13.2%씩 성장했습니다. 반면 월마트는 연평균 5.3%로 가장 낮은 성장률을 보였습니다. (애브비의 경우 2013년에 애벗 레버러토리스의 기업 분사를 통해 설립되었고, 2013년 1월 2일 뉴욕증권거래소에 ABBY라는 종목명으로 상장이 되었기 때문에 2013년부터 2022년까지의 주가 변화를 기준으로 비교했습니다.)

지난 20년간 주가는 월마트가 2.8배, 존슨앤드존슨이 3.3배, 피앤지가 3.5배, 애브비(2013년~2022년)가 3.1배, 코카콜라도 2.9배 성장했습니다. 2023년 9월 현재 세전 배당률은 월마트가 1.4%로 가장 낮고 애브비가 3.9%로 가장 높은 배당률을 기록하고 있습니다.

배당킹 TOP5 종목은 수십 년간 매년 5% 이상 주가가 성장하면서 1~3%의 배당금을 지급해온 기업입니다. 이런 기업에 투자해야 든든한 미래가 준비됩니다. 지금부터 시작한다고 해도 늦은게 아닙니다.

5
배당 투자의 장점 및 단점

수십 년간 배당액을 늘려 온 글로벌 전통 가치 기업이 많은 미국에서는 배당으로 매달 '월세'를 버는 투자 전략이 자리 잡은지 오래입니다.

"내 유일한 기쁨이 뭔지 아나? 차곡차곡 배당금이 들어오는 걸 보는 일이라네."

미국의 석유왕 록펠러의 배당 예찬입니다. 그는 1870년에 현재의 엑슨모빌의 기원이 된 스탠더드 오일을 창업해 석유 사업으로 엄청난 재산을 모은 인물입니다. 세계 최고의 부자로 손꼽히는 록펠러의 유일한 기쁨은 매월 받는 배당금이었습니다. 하지만 모든 것에는 '명'과 '암'이 존재합니다. 투자에서도 가장 좋은 투자라는 건 없습니다. 그래서 각자가 자신의 투자 목적 등을 잘 고려해서 최적의 투자 방법을 찾는 것이 중요합니다. 배당 투자가 안정적이고 좋은 투자 방법의 하나이긴 하지만 당연히 배당 투자에도 장단점이 있습니다.

배당 투자의 장점

가)시스템 소득 구축

배당 투자의 장점 중 첫 번째는 내가 일하지 않아도 매월 들어오는 안정적인 패시브 인컴으로 소득 시스템(혹자는 '파이프 라인'이라고도 함)을 구축할 수 있다는 것입니다. 40대 후반부터는 노후 준비를 해야 하는데, 매달 꾸준한 현금 흐름이 무엇보다 중요합니다. 현금 흐름 창출에 가장 잘 맞는 것이 배당을 주는 기업이나 배당 ETF에 투자하는 것입니다.

나)복리 효과

배당 투자의 두 번째 매력은 복리 효과를 만들 수 있다는 것입니다. 매월 받는 배당 소득을 성장주나 배당주에 재투자할 경우 또 다른 시너지를 낼 수 있습니다. 매월 받는 배당금으로 애플이나 테슬라 같은 빅테크 종목을 매수하거나 유니티, 소파이, 팔란티어, 로블록스 등과 같은 성장 기대주를 사서 미래의 시세 차익을 도모할 수 있습니다. 또는 다른 배당 ETF를 매수해서

ETF의 보유 수량과 현금 흐름을 증가시키는 방법도 있습니다. 새로운 돈으로 투자하는 것도 아니고, 배당받은 돈으로 재투자하는 것이기 때문에 이를 두고 "복리 효과"라고 합니다.

다)하락장에서 견딜 수 있는 인내심

보통의 주식 투자는 주가 상승에 따른 시세 차익으로 수익을 실현합니다. 하지만 배당주의 경우 주가가 하락하면 배당률이 상승하기 때문에 배당액은 유지하면서도 추가 매수를 통해 궁극적으로 배당액을 늘리는 효과를 얻습니다. 또한 하락장에서도 배당금은 지급되기 때문에 매월 받는 배당 소득이 주가 하락에 대한 작은 위로가 되기도 합니다. 그리고 가격이 내려간 주식을 배당 소득으로 매수(재투자)할 수도 있습니다. 이처럼 배당 투자는 하락장과 폭락장을 견딜 수 있는 인내심을 길러주고, 시장에 오래 머무를 수 있는 투자자가 되도록 돕습니다.

배당 투자의 단점

가)세금 부과

장점만 있는 건 아니겠죠. 배당 투자의 첫 번째 단점은 바로 세금입니다. 우선 배당금은 세전 배당금과 세후 배당금으로 나눌 수 있습니다. 배당금을 받으면 배당소득세로 15%의 세금이 자동으로 납부됩니다. 배당소득세 납부 전을 '세전 배당금'이라

하고 납부 후에 들어오는 배당금을 '세후 배당금'이라고 부르는데, 세후 배당금이 내가 배당주에서 받는 진짜 배당액입니다. 그런데 은행 이자와 배당소득을 포함한 금융소득이 연간 2,000만 원을 초과하게 되면 종합과세 대상자가 됩니다. 이에 관한 내용은 뒤에서 "배당 투자와 관련해서 꼭 알아야 할 제도"에서 자세히 설명해 드리겠습니다.

나)고배당 종목은 원금 손실 우려

세전 배당률은 천차만별입니다. 1% 미만의 낮은 배당을 지급하는 저배당 종목도 있고, 10%가 넘는 고배당 종목도 있습니다. 언뜻 보기엔 배당률이 높을수록 좋은 것으로 착각할 수도 있지만 배당 시즌이 되면 배당락이 크게 발생해 주가가 배당금만큼 빠지고 다시 시작합니다. 여기서 배당락이란 배당 기준일 다음 날이며, 배당금만큼 주가가 하락하는 것을 말합니다.

배당 투자에 대한 ROC(Return Of Capital) 논란은 끊임없이 제기되었습니다. ROC란 투자 원금에서 돈을 빼서 투자자에게 배당을 주는 것으로 일종의 제 살 깎아 먹기입니다. 원래는 이익을 내고 그 이익에서 배당을 주는 것이 이상적이지만, 높은 배당을 감당하기 위해 원금에 손을 대는 일도 있습니다. 따라서 고배당 개별주나 고배당 ETF에 투자할 때에는 해당 종목들의 CAGR(Compound Annual Growth Rate, 연평균성장률) 등을 반드시 체크해야 합니다. 10%가 넘는 고배당률을 가진 종목 대부분은 주가 수익의 연평균 성장률이 마이너스를 기록하는 경우가 많아서 투자 원금이 줄어들 수 있음을 기억해야 합니다. 그래서 이를 헷징하기(피하기) 위해서는 배당금을 적립해두거나 매월 받는 배당금으로 다른 배당 종목이나 성장주 등에 재투자하는 전략이 필요합니다.

배당 투자는 1~2년 이내의 짧은 경험으로는 제대로 된 투자관을 확립하기가 어렵습니다. 최소 3년 이상 꾸준하게 배당금을 받고 다시 재투자도 해보면서 경험을 충분히 쌓는 것이 중요합니다. 인내심과 노련함을 필요로 합니다.

다) 상승기에 FOMO를 견뎌야

폭락장일 경우 배당금을 받아서 그 돈으로 주가가 하락한 배당주를 싸게 매수할 수 있다고 말씀드렸습니다. 인내심을 가지고 대응하면 결과적으로 복리 효과를 누리는 장점이 된다고 말했습니다. 하지만 역으로 빅테크에 속하는 대형주나 성장주들이 크게 상승하는 성장기에는 상대적으로 더딘 오름 때문에 포모(FOMO, Fearing of Missing Out, 고립공포함)가 오기도 합니다. 특히 주변에서 테슬라로 몇 천만 원을 벌었네, 레버리지에 투자해서 몇 배 수익을 거뒀네, 하는 등 수익 인증 얘기가 들리기 시작하면 배당 투자자들도 사람인지라 부러운 마음을 감출 수가 없습니다.

그렇지만 냉정하게 얘기해 그들의 성공 스토리는 나의 성공 스토리가 아닙니다. 내가 그렇게 한다고 해서 마찬가지로 이익을 거둘 수 있을지도 알 수가 없습니다. 그래서 배당 투자자의 철학과 방식대로 묵묵히 인내하며 걸어가는 것이 중요합니다. 배당 투자는 단기간에 큰 부자가 되는 투자 방식이 아니라 10년 이상 오랜 시간을 공들여서 쌓아가며 천천히 부자가 되는 방식입니다.

개인적으로 오랫동안 투자를 하면서 가장 마음에 와 닿는 문장은 "세상에 절대 공짜 점심은 없다"입니다. 쉽게 얻어지는 것은 쉽게 사라집니다. 오랜 기간 공들여 쌓은 탑은 쉽게 무너지지 않습니다. 배당 투자가 그렇습니다. 오랜 시간을 인내하며 묵묵하게 배당금을 재투자하며 견딘 시간과 노력은 결코 배신하지 않습니다. 단점을 지우고 장점을 극대화하는 유일한 방법입니다.

6
배당 투자의 효과를 확인하는 72법칙

인내심을 가지고 기다린다면 절대 투자자를 배신하지 않는 것이 배당 투자라고 말씀드렸습니다. 이를 입증하는 것이 바로 72법칙입니다. 72법칙은 복리 이자율을 적용할 경우 투자 원금을 두 배 늘리는 데 걸리는 시간을 계산하는 간편식으로 72를 연간 이자율로 나눠 구합니다. 이 이론을 토대로 주식이나 각종 자산에 투자하면 목표하는 숫자에 이를 수 있는 시간 즉, 투자에 필요한 시간을 파악할 수 있습니다.

원금이 두 배가 되는 시점

72 법칙 _ 나의 저축액이 언제 두 배가 되는지 알 수 있는 법칙	
연간소득	**소요기간**
은행이자로 2% 이자소득	72 / 2 = 36년
부동산 임대로 3% 임대소득	72 / 3 = 24년
배당주 투자로 4% 배당소득	72 / 4 = 18년
미국주식투자로 10% 투자소득	72 / 10 = 7.2년

예를 들어, 이자율이 2%인 은행에 예금을 들었다면, 72 나누기 2%는 36년이라는 계산이 나옵니다. 즉, 내가 투자한 원금이 2배가 되는 데 36년이 걸린다는 의미입니다. 제가 작년에 미국 배당주 투자를 통해 투자원금대비 약 5%의 수익을 거뒀는데요. 매년 이렇게 5% 배당소득을 거두게 되면 제 투자금이 2배가 되는 데는 14.4년이 소요됩니다. 배당소득 외에 시세차익까지 고려해서 총 20%의 투자 수익을 거뒀다면, 원금이 두 배가 되는 데 걸리는 시간은 엄청나게 단축되서 3.6년이면 됩니다. 결국 얼마나 높은 수익률을 올리냐에 따라 복리의 법칙은 무섭게 투자금을 불려줍니다. (이때 계산되는 값은 추정치입니다. 이자율이 커

질수록 더 정확한 값을 구할 수 있습니다.)

배당금이 늘지 않거나 주가가 상승하지 않는다고 해도 72법칙을 적용하면 4% 배당수익률만으로 18년마다 자산이 두 배로 늘어남을 알 수 있습니다. 겁쟁이라 추가로 투자하는 돈 없이 매년 4%의 배당금만 재투자해서 주식을 늘려가도, 10년이 안 되어 자산은 두 배가 됩니다. 이는 은퇴 무렵이 되면 커다란 차이를 가져다줍니다.

재테크는 투자금을 꾸준하게 늘리는 것이 중요하고 수익은 지속해서 나와야 복리 효과로 빨리 불게 됩니다. 당장은 수익이 마이너스가 되더라도 길게 보면 복리 효과로 손실 폭을 줄일 수 있습니다. 복리란 시간에 투자하는 것입니다. 긴 호흡으로 인내심을 가지고 오랜 기간 투자해야 합니다.

72법칙을 제시한 사람은 천재 물리학자 알버트 아인슈타인입니다. 아인슈타인은 복리를 두고서 세계 9대 불가사의 중 하나라고 말했습니다. 72법칙은 아인슈타인이 제시했지만 유명하게 된 건 피터 린치 덕분입니다. 피터 린치는 1977년부터 1990년까지 마젤란 펀드를 운용하며 2,700%라는 경이적인 수익률을 기록했습니다(연평균 29% 복리 수익률).

인플레이션에서 살아남기

한국인이 좋아하는 과자 중 하나인 새우깡은 1974년에 50원이었고, 1997년에 10배인 500원이 되었고, 지금은 1,500원입니다. 1974년에 비해 새우깡의 가격은 30배나 올랐습니다. 가격이 이렇게 오른 이유에는 새우깡의 공급이 부족해 희소가치의 상승 때문이 아니라 돈의 가치가 그만큼 하락했기 때문입니다. 미래의 새우깡 가격은 아마도 지금보다 더 올라갈 것입니다.

자본주의는 화폐가치를 하락시키며 성장해 간다는 말도 있습니다. 성공하는 투자를 위해서는 우리가 살아가는 자본주의 시스템, 특히 인플레이션에 대한 이해를 잘해야 합니다. 인플레이션으로 인한 돈의 가치가 하락하는 시대에서 살아남으려면 앞으로 다가올 미래에 가치가 상승할 자산을 소유해야 합니다. 그런 자산이 모이는 곳이 바로 미국입니다.

겁쟁이(배당 투자자)들은 미래 가치가 가장 높을 것으로 판단되는 기업들이 모여있는 시장 지수(S&P 500 같은)를 추종하는 (그대로 따르는) 패시브한 종목과 전통 우량 가치주들이 속해있는 배당 성장 종목에 투자합니다. 자산을 적립한다는 생각으로 매일 혹은 매월 조금씩 매수해갑니다. 이러한 장기 투자는 복리 효과를 누릴 수 있게 해주며, 배당금을 재투자해 더 큰 수익 잠재력을 창출할 수 있게 돕습니다. 우리는 72법칙을 통해 복리 효과가 생각 이상으로 엄청나다는 걸 확인했습니다. 원금을 그대로 두고서 이익만 모아서 원금의 두 배가 되는 시간을 확인했습니다.

투자자에게 가장 좋은 친구는 바로 시간입니다. 투자는 빨리 승부를 봐야 하는 단거리 달리기가 아니라 장거리 마라톤과 같습니다. 먼 거리를 달려야 하는데 초반부터 스퍼트를 올려 좋은 성과를 낸 마라토너는 거의 없습니다. 페이스 조절을 하며 멀리 있는 목표를 향해 달려야만 시장에서 살아남을 수 있습니다. 그러기 위해선 지치지 않는 꾸준함이 필요합니다.

7
환율이 배당 투자에서 중요한 이유

미국 주식에 매월 급여의 일부인 몇십만 원을 적립식으로 투자하거나, 단기(1~2년짜리) 적금을 해약해서 몇백만 원 정도를 갖고서 투자하는 것이라면, 고환율이라도 투자금이 크지 않으므로 감내할 수 있습니다. 하지만 노후를 위해 수천만 원 이상의 돈을 투자하고 이를 환전해야 하는 상황이라면 환율의 영향이 무척 크기 때문에 신중을 기할 수밖에 없습니다.

20년 동안 변해온 달러의 가치

아래 표는 2000년 이후 현재까지의 원달러 환율 추이입니다. 마치 곡예를 부리듯 합니다. 2000년대 이후 달러를 살펴보면

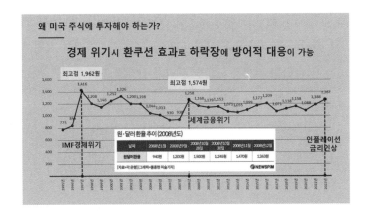

왜 미국 주식에 투자해야 하는가?

경제 위기시 환쿠션 효과로 하락장에 방어적 대응이 가능

2000년대 초반에는 원화 강세가 나타났고 환율이 하락했습니다(달러 가치가 떨어졌습니다). 2008년 세계 금융위기가 터지기 바로 직전까지는 원달러 환율이 900원 초반대까지도 내려왔습니다. 그러다 2008년 세계 금융위기가 발발하자 환율은 수직 상승 1,570원대까지 올라갔습니다(달러 가치가 높아졌습니다). 무려 60% 이상의 상승이었습니다.

금융위기가 진정되고 세계 경제가 다시 정상화된 이후 지난 10여 년간 환율은 1,000원에서 1,200원 구간 사이를 왔다갔다 했습니다. 하지만 2020년 이후 코로나19 사태가 벌어지면서 전 세계적인 경제 봉쇄로 원달러 환율은 다시 불안정해지기 시작했습니다. 미 연준(연방준비위원회, 우리나라의 한국은행처럼 통화 정책을 수립하고 달러를 발행하는 일을 함)은 엄청난 양적완화(돈을 푸는 것)를 했고 환율은 진정세에 접어들었습니다. 그런데 2022년 3월 러시아-우크라이나 전쟁이 일어났습니다. 거대한 자원이 있는 두 나라의 전쟁은 공급망 붕괴와 원자재 가격 인상을 불렀습니다. 이후 원달러 환율은 다시금 수직 상승을 기록합니다.

2022년 11월 연준은 미국 내 인플레이션 문제에 부딪히면서 코로나 때 푼 돈을 회수하고자 사상 초유의 4차례 연속 자이언트 스텝이라는 기준 금리 인상을 단행했습니다(인상 인하 폭을 두고 폭이 작은 경우를 베이비 스텝, 큰 경우를 자이언트 스텝, 이렇게 비유적으로 부릅니다). 그러자 한미 간의 금리 격차는 더욱 커지면서 금리를 더 많이 주는 달러에 돈이 몰렸습니다. 당연히 원화 가치는 더 하락하게 되고, 그 결과 몇 개월 동안 원달러 환율은 1,400원대가 되었습니다.

환쿠션 효과

잠시 지난 20여 년 동안의 달러 변화를 살펴보았습니다. 그럼 이제 환율이 안정되었던 시기와 환율이 높았던 시기를 기준으로 환율로 인한 성과 차이를 비교해 보겠습니다.

시장이 평화롭고 안정적인 시기의 원달러 환율을 1,100원이라고 가정해보겠습니다. 한 투자자가 A라는 기업을 10달러에 1주를 매수하면 원화 매수가로 11,000원입니다. 만약 코로나 팬데믹 같은 급작스러운 경제위기로 시장이 불안정해진다면 주가는 폭락합니다. 10달러 하던 주가가 7달러로 -30%가량이 떨어지면, 투자자들은 극심한 공포감을 느낍니다. 다들 안전 자산인 달러를 선호하게 되고 원달러 환율은 급상승합니다. 1,100원 하던 환율이 1,400원으로 27%나 상승한다면, 7달러는 원화로 9,800원이 됩니다. 즉, 주가는 30%가 떨어졌지만 원화 가치로는 11,000원에서 9,800원으로 11% 정도만 하락한 것이 됩니다. 달러 가치로는 30% 하락이지만 원화 가치로는 11% 하락했다고 할 수 있습니다. 투자자가 느끼는 공포감에서 이 차이는 꽤 큽니다.

그래서 경제위기가 발생해 주가가 폭락하더라도 환율이 상승한다면, 원화 투자자 입장에서는 시세에 대한 방어를 할 수 있습니다. 이를 두고 '환쿠션 효과'라고 합니다(환쿠션에 대해서는 '미국 주식에 투자해야 하는 이유'를 설명할 때도 다룬 적이 있습니다).

환율 변동에 따른 투자 전략

원 달러 환율에 대한 예측은 정말 어렵습니다. 환율은 여러 복합적인 요소들이 모여 작동하기 때문에 어느 한 가지 요인만으로는 설명되지 않습니다. 지난 20년간의 굵직한 달러 변동 사항을 살펴보았듯 일반적으로 원달러 환율이 안정되면 주식 시장은 상승장 또는 안정기에 속하는 평화로운 시기가 됩니다. 반대로 환율이 급상승하는 것은 한미 간 금리 차이로 달러가 급속히

빠져나가거나 코로나 팬데믹 같은 예측할 수 없는 경제 위기, 미국 은행 파산처럼 금융 시스템이 불안정해지는 등의 특별한 이슈가 등장해서입니다.

최근(2024년 하반기) 흐름은 조심스럽게 달러 가치 하락을 예상하고 있습니다. 미국 연준이 금리를 인하할 가능성이 크다고 보기 때문입니다. 미국 경기가 나쁘다기보다는 인플레이션을 잡기 위한 조치로 해석됩니다. 이런 이유로 미국 경기가 침체기로 접어든다면, 금리 인하가 단발성으로 그치지 않고 계속해서 하락하는 상황에 들어갈 수도 있습니다. 불과 1년 만에 제로금리에서 4.5%까지 상승한 것처럼, 지금의 고금리가 아주 짧은 기간에 제로 금리로 돌아갈 수도 있는 것이 시장입니다.

당장의 생활비(=현금 흐름)을 만들 필요가 없다면 원달러 환율이 1,300원 미만으로 내려간 이후 분할 환전(원화에서 달러로)하거나, 목돈을 환전하려고 준비 중인 투자자라면 미국 연준이 금리 인하를 시작하는 시점까지 기다려보는 지혜가 필요합니다.

지금과 같이 미국의 기준금리가 높고, 한미간 금리 차이가 커서 환율 변동이 심한 고환율 시기에는 배당주에 투자하는 것만으로도 달러에 투자한다고 할 수 있습니다(달러로 배당금을 받기 때문). 환율은 잘 활용하면 손실을 만회하거나 반대로 성과를 두 배로 끌어올리는 레버리지 같은 역할을 합니다. 미국 주식에 투자할 때는 매매 할 때마다 환전하는 방식보다 적어도 한 달 단위로 투자할 돈을 미리 환전해둔다거나 하는 방식이 좋습니다. 그런데 어느 타이밍에 환전해야 할지는 일반 투자자로서 판단이 쉬운 일이 아닙니다. 그래서 저는 매월 받는 배당금을 달러로 적립해두거나 외화 RP를 매수해서 일정 부분 달러를 보유해두고, 예비비로 원화도 확보해서 원달러 환율의 변화에 대응하며 투자하는 방식을 쓰고 있습니다(이방식에 대해서는 '황금별의 매매 루틴'에서 설명한 바 있습니다).

8
배당 종목 선정시 체크사항

배당주 개별 종목에 투자할 때 해당 기업의 매출, 이익, 부채 등 기초 분석도 중요하지만 배당률이 몇 프로며 배당금은 증가하고 있는지, 이익의 몇 퍼센트를 주주에게 배당하는지, 장기간 투자해도 되는지 등을 꼭 점검해야 합니다.

첫 번째 체크포인트, 배당수익률
우리가 배당주에 투자하는 가장 큰 목적은 매월 또는 분기마다 배당금을 받아 생활비로 사용하거나 배당금을 다른 종목에 재투자해서 또 다른 시너지를 얻기 위함입니다. 그래서 가장 먼저 확인해야 하는 체크포인트 1순위는 바로 배당수익률입니다.

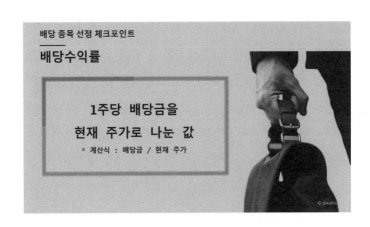

배당수익률이란 주식 1주당 배당금을 현재 주가로 나눈 값으로 배당금이 현재 주가의 몇 %인가를 나타내는 지표입니다. 예를 들면, 분기배당주인 A라는 기업의 주가가 100달러이고 분기마다 0.5달러를 배당으로 지급하는 기업이라면 이 기업은 1년 동안 "0.5달러 × 4분기 = 2달러"의 배당금(세전)을 지급할 것입니다. 그럼 이 기업의 배당수익률은 "1년 치 배당금 2달러 / 현재 주가 100달러 = 배당수익률(세전) 2%"라는 계산이 나옵니다. 즉, A 기업은 1년에 2%의 배당수익률을 지급하는 회사가 됩니다. (여기에서 배당수익률은 세금을 제하기 전인 '세전 배당수익률'을 의미합니다. 미국 주식은 배당소득세 15%를 공제한 '세후 배당수익률'이 실질적으로 투자자들이 얻는 수익입니다.)

배당수익률은 매일 변합니다. 왜냐하면 분모인 주가가 계속

바뀌기 때문입니다. 그리고 분기마다 지급하는 배당금도 기업의 실적이나 성과 등에 따라 달라질 수 있습니다. 분모와 분자가 모두 변할 가능성이 있어서 배당수익률은 매일 달라집니다.

배당수익률이 지나치게 높은 기업은 일단 의심부터 해봐야 합니다. 2008년 세계 금융위기 당시 미국에서는 20% 가까운 배당수익률을 지급하는 기업들이 속출했습니다. 대부분 부동산투자신탁회사들이었습니다. 그런데 금융위기 이후 이 기업 중 꽤 많은 수가 도산하고 시장에서 사라졌습니다. "세상에 공짜 점심은 없다"라는 말이 다시 한 번 증명되었습니다.

우량한 배당주나 배당 ETF는 배당수익률이 크게 변하지 않습니다만, 그렇지 않은 기업이라면 단기간에 주가가 크게 하락하거나 기업의 성과 부진으로 "배당 컷 = 배당 삭감" 등이 발생할 수 있습니다. 한마디로 중대한 이슈(악재)가 발생한 것으로 배당수익률의 변화가 올 수밖에 없는 상황입니다. 그래서 배당투자자는 기업이나 ETF의 배당수익률 변화를 늘 점검하고 확인해야 합니다.

두 번째 체크포인트, 배당성향

배당성향이란 당기순이익 중 현금으로 지급된 배당금 총액의 비율을 말합니다. 이해하기 쉽게 설명해 드리면, 기업에서 해당 회계기간 동안 창출한 수익 중 주주에게 배당으로 얼마만큼 환

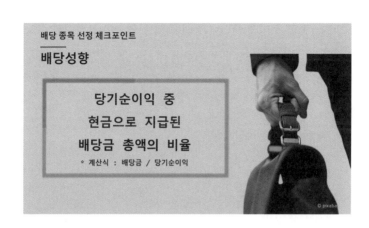

배당 종목 선정 체크포인트

배당성향

당기순이익 중
현금으로 지급된
배당금 총액의 비율
☀ 계산식 : 배당금 / 당기순이익

원하는지를 나타내는 비율입니다. 배당성향이 높고 수익이 안정적으로 발생하는 기업은 매매를 통한 거래 차익보다 꾸준한 배당 수익을 선호하는 투자자에게 적합합니다.

개인적으로 볼 때, 배당성향이 60% 이내인 기업에 투자하는 것이 가장 적합하다고 봅니다. 왜냐하면 기업은 지속해서 투자하며 성장해가는데 벌어들이는 돈을 배당으로 다 지급해버리면 기업 미래가 불투명해지기 때문입니다. 물론 배당성향 하나만으로 좋고 나쁨을 평가하기란 어렵습니다. 배당의 적정성이란 기준도 기업이 속한 산업 섹터에 따라서 크게 차이가 납니다. 그래서 이상적인 배당성향 기준이란 없습니다. 보통은 스타트업과 성장주가 많이 포진된 IT 기술 섹터 기업들이 아무래도 성장 인프라 구축을 위한 투자 비용 과다 지출로 배당성향이 낮습니다. 반면 소비재 섹터나 통신 섹터 기업들은 안정적인 수익과 꾸준한 현금 흐름으로 장기간에 걸쳐 높은 배당성향을 유지합니다.

세 번째 체크포인트, 배당지속연한

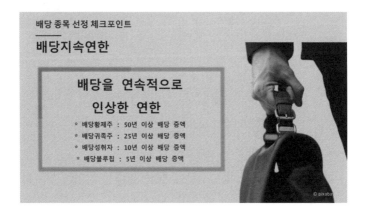

지속적으로 배당을 지급하는 기업은 어떤 경제 위기라 할지라도 주주 가치를 실현하며 의리와 신뢰를 지켜가는 기업입니다. 미국 주식 종목은 배당성향도 높고 1년에 한 번씩 주는 우리나라 기업의 배당 문화와 달리 분기배당, 월배당 등 다양한 시점에 배당금을 지급합니다. 또한 배당금이 계속 증가하는 성장을 중요시하기 때문에 투자자 입장에서는 매력적입니다.

미국 주식은 배당의 연속성, 즉 배당지속연한에 따라 배당황제(킹)주, 배당귀족주, 배당성취자, 배당블루칩으로 분류합니다. 배당황제주는 50년 이상 연속해서 배당금을 인상한 주식을 말합니다. 앞에서 설명한 바 있는 월마트, 존슨앤존슨, 피앤지, 코카콜라, 쓰리엠 같은 기업입니다.

앞에서도 얘기했지만, 배당률이 높은 기업이라도 배당성향이 높거나 부채가 많아서 기업의 운영이 부실해지면 '배당 컷'을 할 수 있습니다. 기업의 배당 지급 여부는 법률상 의무가 아니기 때문입니다. 그동안 매력적인 배당을 지급해 온 기업이라고 해도 대규모 현금이 필요한 인수나 투자를 계획 중이라면 배당을 지급하지 않을 수 있습니다. 또한 세계적인 경제 위기나 기업의 내부적인 신사업, M&A 실패 등의 이유로도 배당금 지급이 삭감되거나 중단될 수 있습니다. 그럼에도 배당을 꾸준히 할 수 있고, 배당액도 늘리는 기업이 우리가 투자해야 할 종목입니다.

9
배당 투자와 관련해서 꼭 알아야 할 제도

배당주에 투자해서 처음 받았던 배당금의 짜릿함을 경험해본 분들이라면 알고 계실 테지만, 초보 투자자들이 초기에 자주 하는 실수가 있습니다. 바로 배당락을 이해하지 못하고 배당락일에 매수하는 경우입니다.

배당락일과 배당지급일 이해하기

배당락일(配當落日)이란 한자 뜻 그대로 '배당받을 권리가 떨어지는 날'입니다. 즉, 배당락일 당일에는 매수하더라도 해당 월이나 해당 분기의 배당금을 받을 수 없습니다. 배당락일 전날(배당기준일)까지는 주식을 갖고 있어야 배당을 받을 수 있습니다. 국내 주식은 배당 기준일 포함 최소 3일 전에 주식을 매수해야 배당금을 받을 수 있습니다. 그리고 배당락일에는 배당 금액만큼 주가가 조정(하락)됩니다. 그런데 초보 투자자는 이를 모르고 배당락일에 주가가 일시적으로 떨어졌다고 생각하고 매수 버튼을 누르는 경우가 있습니다. 이런 일은 생각보다 빈번하게 일어납니다. 그래서 초보 투자자는 이 개념을 명확히 이해하고 투자에 임해야 합니다.

미국 S&P 500 지수를 기반으로 커버드콜과 ELN(채권연계매매)전략을 가진 고배당 ETF JEPI의 배당락일과 배당지급일을 기준으로 설명해 드려보겠습니다. (커버드콜? ELN? 무슨 말인가 싶겠지만. 이건 ETF 상품의 한 종류인 만큼, 자세한 설명은 뒤에서 다시 하겠습니다.)

배당락일, 배당지급일

고배당 ETF JEPI 월별 배당 정보

2024년 배당일정	1분기			2분기			3분기			4분기		
	1월	2월	3월	4월	5월	6월	7월	8월	9월	10월	11월	12월
배당락일	12/28 목	1 목	1 금	1 월	1 수	3 월	1 월	1 목	3 수	1 화	1 금	2 월
배당지급일	3일 수	6 화	6 수	4 목	6 월	5 수	3 수	5 월	5 목	3 목	5 화	4 수

상기 이미지의 표를 보면 JEPI(제이피모건 자산운용사에서 출시한 ETF로 9%대의 고배당을 목표로 함)의 2024년 월별 배당락일과 배당지급일이 기재되어 있습니다. JEPI의 2024년 2월 배당락일은 2월 1일 목요일이며, 배당지급일은 2월 6일 화요일입니다. 즉, JEPI를 2024년 1월 31일 수요일까지 보유하고 있다면 배당을 받을 권리를 가지게 되어 2월 6일 화요일에 배당금을 수령할 수 있습니다. 하지만 배당락 당일인 2월 1일에 매수한다면 2월 6일에는 배당금이 지급되지 않습니다. 반대로 매도를 할 경우에는 배당락일인 2월 1일에 하더라도 2월 6일 화요일에 배당금을 받을 수 있습니다. 그래서 배당을 받을 목적으로 배당주나 배당 ETF에 투자할 경우 배당락일을 꼭 확인한 후 투자해야 합니다.

배당주 세금 이해하기

세상에 절대 공짜는 없고, 이익이 발생하는 곳에는 항상 세금이 따라다닙니다. 당연히 주식이나 ETF를 사고팔아 차익을 보거나 배당금을 받을 때는 세금을 내야 합니다. 그래서 세후 수익률을 잘 따져봐야 합니다. 간혹 미국 주식 투자를 망설이는 분들을 보면 세금이나 환전 때문에 선뜻 시작하지 못하는 분들을 주변에서 많이 볼 수 있는데요. 세금이나 환율 부분을 조금만 공부한다면 얼마든지 쉽게 도전할 수 있습니다.

미국 주식 세금 종류

거래시 내는 세금	이익 발생시 내는 세금
○ 증권거래세	○ 양도소득세
○ ETF 운용보수(수수료율)	○ 배당소득세
	○ 종합소득세

미국 주식에 투자할 때 발생하는 세금은 주식을 사고팔 때 내는 세금과 투자 이익이 발생할 때 내는 양도소득세와 배당소득세 그리고 일정 소득을 초과할 때 추가로 부담하는 종합소득세 등으로 구분할 수 있습니다.

우선 주식 거래에 대한 세금으로는 증권거래세와 ETF 투자 시 해당 ETF를 운용하는 자산운용사에 내는 수수료가 있습니다. 증권거래세는 현재(2024년) 코스피는 0.03%, 코스닥은 0.18%입니다. 미국은 증권거래세가 0.0022%로 매우 저렴합니다. 세금은 주식 매매 과정에서 자동으로 차감되기 때문에 별도로 지급할 필요는 없습니다. ETF 운용 수수료는 국가에 내는 세금은 아니고 자산운용사에 운용보수를 지급하는 거니까 일종의 관리 비용입니다.

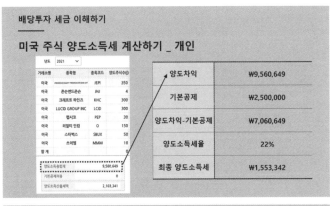

배당투자 세금 이해하기

미국 주식 양도소득세 계산하기 _ 개인

양도차익	₩9,560,649
기본공제	₩2,500,000
양도차익-기본공제	₩7,060,649
양도소득세율	22%
최종 양도소득세	₩1,553,342

배당투자 세금 이해하기

미국 주식 배당소득세 계산하기 _ 코카콜라 100주 분기 배당금

종목	보유수량	분기 배당금	100주 세전 배당금	배당소득세율	100주 세후 배당금
코카콜라	100주	$0.46	$46.00	15%	$39.10

다음으로 미국 주식과 ETF를 사고팔거나 보유해서 발생한 이익에 대해 내는 세금으로 양도소득세, 배당소득세, 종합소득세 등이 있습니다. 국내 주식과는 달리 미국 주식에는 양도소득세라는 개념이 있습니다. 양도소득세는 부동산 양도세처럼 매도 후 이익에 대해 내는 세금입니다. 1년에 인당 250만 원을 공

제하고 나머지 차익금의 22%를 세금으로 내게 되는데요. 양도세는 분리과세라 종합소득세와 합산되지는 않습니다. 인적 공제를 받기 위해 배우자나 다른 직계가족 명의로 투자하다가 양도차익이 100만 원을 넘게 되면 소득공제 피부양자 자격이 박탈될 수 있으니, 이점은 주의해야 합니다.

배당소득세는 보유한 미국 주식이나 ETF를 통해 받은 배당금의 15%를 미국에 납부하는 세금입니다. 코카콜라 100주를 보유해서 세전 46달러를 배당금으로 수령하면 실제 내 계좌에는 배당소득세 15%를 제외한 세후 39.1달러가 입금됩니다. 미국 국세청에 배당소득세를 이미 납부한 것이므로 국내에서 또 공제되거나 국세청에 별도 납부할 것은 없습니다. 한국과 미국은 이중과세를 방지하기 위해 '한미 조세조약'을 맺고 있어서 세금을 한국과 미국 어느 한 곳에만 납부했다면 추가로 더 낼 필요는 없습니다. 하지만 배당소득세를 신고해야 할 때가 있습니다. 1년간 배당소득을 포함한 금융소득이 2천만 원을 초과할 경우입니다. 이때는 금융소득 종합과세 대상이 되기 때문에 매년 5월 종합소득세(종소세) 신고 기간에 신고해야 합니다. 최근 금융소득 종합 과세 기준을 조정하려는 논의가 정치권에서 있었습니다. 앞으로 기준 금액은 바뀔 수 있습니다.

황금별의 양도소득세 계산

실제 황금별의 2022년 주식 양도차액 신고내역을 살펴보겠습니다. 황금별은 A 증권사와 B 증권사에서 각각 8,639,780원 수익과 -6,054,720원의 손실이 있었습니다. 두 곳의 증권사 양도차액을 합산하면 총 2,585,060원입니다. 1년에 1인당 기본공제 250만 원을 제외하고, 250만 원을 초과하는 금액에 대해 22%의 세금이 부과되니 기본공제 250만 원을 제외하면 과세표준이 되는 양도소득금액은 85,060원입니다. 황금별은 양도소득세 20%인 17,012원과 지방소득세 2%인 1,700원, 결과적으로 총 18,712원의 세금을 납부했습니다.

이 세금은 배당소득세처럼 자동으로 제외되지 않고 개인이 따로 내야 합니다. 2022년 1년간 총 매도한 양도 차익에 대해 2023년 5월에 납부하는 식입니다. 납부는 증권사에서 무료로 대행을 해주기 때문에 주거래 증권사에 맡기기만 하면 됩니다.

정리하면, 거래할 때마다 자동으로 떼지는 거래세가 있고, ETF는 관리비가 있습니다. 미국 주식은 이익의 22%를 양도소득세(250만 원 초과하는 금액에 대해서만)로 다음 해 5월에 내야 합니다. 여기까지는 증권사에서 알아서 처리해줍니다. 그리고 소득이 2천만 원 이상이면 종합금융소득세가 있습니다. 이는 이듬해 5월에 별도로 홈텍스에 들어가서 본인이 직접 납부해야 합니다.

배당투자 세금 이해하기

미국 주식 양도소득세 계산하기 _ 개인

2022 년 증권사별 거래내역 합계

증권사	기 간	양도가액 계	취득가액 계	필요경비 계	양도소득 계
키움증권(주) (JEPI)	2022-01-01~ 2022-12-31	203,710,888	194,786,806	284,302	8,639,780
NH투자증권 (BLACKROCK SCIENCE TECI)	2022-01-01~ 2022-12-31	30,158,417	36,174,972	38,165	-6,054,720
합 계	2022-01-01~ 2022-12-31	233,869,305	230,961,778	322,467	**2,585,060**

배당투자 세금 이해하기

미국 주식 양도소득세 계산하기 _ 개인

세율구분	코드	00 합계	61 국외주식
① 양도소득금액		2,585,060	2,585,060
② 가산(고경정·경정)후 양도소득금액 합계			
③ 소득감면대상 소득금액			
④ 양도소득기본공제		2,500,000	2,500,000
⑤ 과 세 표 준 (④=②-③-④)		85,060	85,060
⑥ 세 율			20
⑦ 산 출 세 액		17,012	17,012
⑧ 감 면 세 액			
⑨ 외국납부세액공제			
⑩ 원천징수세액공제			
⑪ 전자신고세액공제			
⑫ 가산세	무(과)소산		
	납부불성실		
	기장불성실 등		
	계		
(16)가산(고경정·경정세액,조정공제			
(17)납부할 세액		17,012	17,012
(18) 분납(물)납할 세액			
(19) 납 부 세 액		17,012	17,012
(20) 환 급 세 액			

양도소득세

세율구분	코드	00 합계	61 국외주식
① 과 세 표 준		85,060	85,060
② 세 율			2
③ 산 출 세 액		1,700	1,701
④ 감 면 세 액			
⑤ 외국납부세액공제			
⑥ 원천징수세액공제			
⑦ 가산세	무(과)소)신고		
	납부불성실		
	기장불성실 등		
	계		
⑧가산(고·경정·경정세액,조정공제			
⑨ 납부할 세액		1,700	1,700

지방소득세

10
천만 원 '시드머니'로 배당 투자 시작해보기

시스템 소득을 만드는 방법에는 자본 소득과 재능 소득이 있습니다. '자본 소득'이란 은행 예금과 주식이나 채권 또는 부동산 등에 투자해서 얻는 소득으로 우리가 가장 일반적으로 많이 하는 투자 방식입니다. 이자 소득, 부동산 임대 소득, 주식 배당 소득 등이 이에 속합니다. '재능 소득'이란 본인이 잘하는 특기나 취미를 활용해서 즐겁게 일하며 얻는 소득입니다. 좋아하는 취미를 바탕으로 콘텐츠로 만들어서 블로그나 유튜브에 올리고 광고 노출을 통해 수익을 얻는다면 이는 재능 소득이 될 수 있습니다. 아무래도 근로 소득과는 성격이 약간 다릅니다.

자본 소득 중에서도 배당 소득을 시스템 소득으로 만들기 위해서는 종잣돈(시드머니)이 필요합니다. 시드머니란 식물의 종자처럼 더 큰 자산을 만들기 위해 최초에 투자하는 종잣돈, 자본금을 말합니다. 배당 소득을 위한 투자는 적정한 수준의 목돈을 가지고 투자해야 성공할 확률이 높습니다. 물론 몇만 원으로도 시작할 수도 있고 적금처럼 꾸준히 적립해가는 것도 좋은 투자 방식입니다. 하지만 적은 자본으로 투자하게 되면 배당금이 크지 않아서 셀프 동기 부여가 쉽지 않습니다. 그래서 저는 시드머니 천만 원을 모아서 배당 투자를 시작하라고 주변에 많이 권합니다. 천만 원이라는 상징적 시드머니는 누군가에게는 한 달만에 벌 수 있는 돈이기도 하지만 또 누군가에게는 몇 년에 걸쳐 근검절약해야 만질 수 있는 큰돈이기도 합니다. 그래서 천만 원은 시드머니의 상징적인 금액입니다.

천만 원 시드머니로 스노우볼 효과

천만 원의 시드머니를 모아서 1년 동안 매월 받는 배당금을 재투자하면 어떤 결과가 나타날까요?

2022년 1월 4일, 저는 천만 원을 달러로 환전해서 고배당 ETF인 JEPI를 매수했습니다. 당시의 환율로 62.91달러에 134주를 매수할 수 있었습니다. 월배당이기 때문에 2022년 1년 동안 12번의 월배당금을 받았고, 134주라는 수량을 보유했기 때문에 매월 40달러에서 70달러 정도의 세후 배당금을 받았습니다. 이

천만 원 시드머니로 고배당 ETF JEPI 월별 매수

개월차	구분	보유수량	주당 배당금	세전 배당금	세후 배당금	매수일자	JEPI 매수가	적립수량	회수액	잔액
1개월	2022년 1월	134	0.4586	61.45	52.23	1월 4일	63.16		-	52.23
2개월	2022년 2월	134	0.3818	51.16	43.49	2월 4일	60.63	1.0	60.63	35.09
3개월	2022년 3월	135	0.4623	62.41	53.05	3월 4일	59.86	1.0	59.86	28.28
4개월	2022년 4월	136	0.5878	79.94	67.95	4월 6일	61.42	1.0	61.42	34.81
5개월	2022년 5월	137	0.4681	64.13	54.51	5월 5일	58.10	1.0	58.10	31.22
6개월	2022년 6월	138	0.5164	71.26	60.57	6월 6일	57.70	1.0	57.70	34.09
7개월	2022년 7월	139	0.6210	86.32	73.37	7월 7일	55.64	1.0	55.64	51.83
8개월	2022년 8월	140	0.4955	69.37	58.96	8월 4일	56.69	1.0	56.69	54.10
9개월	2022년 9월	141	0.5589	78.80	66.98	9월 7일	55.34	2.0	110.68	10.40
10개월	2022년 10월	143	0.4808	68.75	58.44	10월 6일	52.23	1.0	52.23	16.62
11개월	2022년 11월	144	0.6063	87.31	74.21	11월 4일	53.80	1.0	53.80	37.03
12개월	2022년 12월	145	0.6104	88.51	75.23	12월 6일	55.57	2.0	111.14	1.12
1년 동안 추가로 적립한 수량								13.0		

돈으로 매월 최소 1주에서 2주를 추가로 매수할 수 있었습니다. 결과적으로 1년 동안 총 13주를 매수했고, 총 보유 수량은 134주에서 145주가 되었습니다.

배당 투자는 처음에는 작은 눈뭉치 정도지만 나중에는 눈덩이처럼 커지는 스노우볼 효과(Snowball Effect)를 가져옵니다. 물론 사람마다 기대하거나 만족하는 배당금 규모의 차이는 있지만, 1천만 원 정도의 시드머니를 투자한다면 배당 투자의 매력과 묘미를 느낄 수 있습니다. 그런데 아직 시드머니가 1천만 원 정도가 되지 않는다면 초기에는 성장주나 패시브 ETF를 적립식으로 투자해 투자금을 늘린 후 현금 흐름이 필요한 시점이나 은퇴를 준비할 즈음에 배당 투자로 전환하는 것이 좋습니다. 30대 정도라면 시드머니가 부족하고 당장 현금 흐름이 필요한 시기는 아닌 만큼 이 방법을 쓰는 것이 좋습니다.

투자 경험을 쌓아야

배당 투자뿐 아니라 주식이나 부동산 등 자산에 대한 투자에서 직간접 경험은 중요합니다. 특히 시장과 맞부딪치며 대응해가는 직접 경험이 정말 중요합니다. 현명한 투자자라면 "투자자의 무기는 첫째도 경험, 둘째도 경험"이라고 말한 앙드레 코스톨라니(『돈 뜨겁게 사랑하고 차갑게 다루어라』의 저자로 '유럽의 워런 버핏'으로 불립니다)의 조언을 반드시 기억해야 합니다.

투자를 오래 하다 보면 누구나 시장 폭락기를 경험합니다. 개별종목도 아니고 S&P 500 같은 우량지수가 하루에 -10%, 일주일이나 한 달 새 -30%까지 폭락할 수 있는 것이 주식 시장입니다. 보유 자산이나 투자금이 한두 달 사이에 1/3이상이 사라지는데 마음이 평온한 투자자는 없습니다. 그렇지만 누구도 시장을 정확하게 예측하지 못하기 때문에 폭락장이나 하락장이라고 해서 모든 투자금을 매도하거나 회수하고 다음 상승장 때 다시 들어가겠다는 식의 생각은 위험합니다.

지난 2020년 코로나 팬데믹 시기에 2~3개월이라는 엄청나게 짧은 단기간에 시장이 크게 폭락하는 공포장을 경험한 적 있습니다. 2020년 3월 16일 월요일은 마치 블랙먼데이를 연상하는 공포장이었습니다. 이날 하루에만 다우지수는 -12.9%, 나스닥은 -12.3%나 폭락했습니다. 이런 폭락은 1980년 이후 40여 년 만에 처음 발생한 일이었습니다. 그날 이후 한 달 동안 나스닥이 매일 -3% 이상씩 하락한 날이 9일이나 되었습니다. 하지만 아시다시피 이후 대반전이 일어났습니다. 바이러스로 전 세계적 봉쇄라는 공포 속에서도 2020년 말 S&P 500은 16%나 상승했고, 나스닥은 무려 43%나 상승하는 등 큰 성장세를 기록하며 마무리가 되었습니다. 만약 2020년 코로나 팬데믹이 장기화할 것으로 예측하고 손실을 줄이기 위해 시장을 떠난 투자자였다면 큰 손실을 보았을 것이고, 바로 이어진 상승장에서는 수익도 얻지 못하는 불행한 투자자가 되었을 것입니다.

워런 버핏이나 피터 린치같이 위대한 투자자들은 절대 시장을 떠나지 않습니다. 섣불리 시장을 전망하거나 예측하려 들지도 않습니다. 시장에 순응하며 시장을 낙관적이고 긍정적으로 바라보며 힘든 시기를 견뎌냅니다. 그래서 투자자에게는 경험이 중요합니다. 평생을 투자자로 살아가기로 다짐했다면, 항상 시장을 관찰하며 시장에 대응해가는 경험이 중요합니다.

시간에 투자하는 인내심

다시 한번 강조하는 얘기지만, 배당 투자자로서 성공하기 위해서는 시간에 투자해야 한다는 생각을 갖고 꾸준히 인내하며 시장 위기에도 움직이지 않는 투자 원칙이 필요합니다.

은퇴를 위해 연 배당금이 1,800만 원이 필요하다고 가정해 보겠습니다. 연간 배당소득이 1,800만 원이면, 월 150만 원이 나오는 현금 흐름입니다. 이 금액에 도달하려면 세후 4%의 수익률로 4억 5천만 원이라는 투자금이 필요합니다. 워낙 큰 돈이기 때문에 그 정도 자산 구축은 어려운 일이라 생각하고 낙담하거나 포기하는 분들이 많습니다. 하지만 로마는 하루아침에 만들어지지 않은 것처럼 4억 5천이라는 큰돈을 단기간에 벌려고 하지 말고, 목표 적립 기간을 구체적으로 세워 끈기있게 도전해 간다면 결코 불가능한 숫자가 아닙니다.

훌륭한 성과는 반드시 시간을 필요로 합니다. 상승장이 오면 많은 투자자들이 트레이딩을 자주 할수록 큰 수익을 얻는다고 생각합니다. 하지만 실제로 투자에서 가장 중요한 것은 홀딩(holding)입니다. 즉, 갖고 있는 것입니다. 좋은 종목을 찾아서 홀드하는 게 가장 중요합니다. 그렇지만 오랜 기간 투자하다 보면 인내심을 시험하는 상황이 자주 찾아옵니다.

워런 버핏은 "주식 시장은 인내심 없는 사람의 돈을 인내심 있는 사람에게 이동시키는 도구다"라는 조언을 건넸습니다. 투자에서 돈을 많이 버는 사람과 그렇지 못한 사람의 가장 큰 차이는 투자 원칙을 정하고 그 원칙을 사수하는 인내심이라는 뜻입니다. 투자란 속도를 겨루는 시합이 아닙니다. 버티고 버텨야 시장에 대한 충분한 이해와 지혜가 쌓이는 법입니다.

경제 위기 상황에서도 경제적 해자(방어막)를 가진 배당기업들은 시장의 위기를 이겨내며 꾸준하게 배당금을 지급합니다. 이때 받는 배당금은 힘든 시기를 이겨낼 수 있는 매우 달콤한 영양분과 같습니다.

다시 한 번 강조하지만 배당 투자는 절대 단기적으로 큰 성과를 거둘 수 없습니다. 적립식으로 꾸준히 투자한다면 성공하는 투자자가 될 확률이 매우 높습니다. 시작은 천만 원입니다. 천만 원을 모으는 것부터 계획을 세워 시간을 투자하시길 바랍니다.

11
배당 투자자가 가져야 할 원칙 4가지

투자 경험이 쌓이면 쌓일수록 점점 더 무서워지는 것이 시장입니다. 초기에는 책도 사보고 유튜브도 보면서 시장을 이해하고 나름 예측하려는 시도도 합니다. 그러다 시장 예측은 내가 아무리 노력해도 불가능한 것이구나, 라고 깨닫기 시작하면 투자자는 고개를 숙이고 겸손해집니다. 그리고 가치주 중심으로 눈을 돌리며 배당 투자자가 됩니다.

물론 모든 분이 배당 투자자가 되는 것은 아닙니다. 하지만 장기 투자자일수록, 시장 경험이 많을수록, 배당의 중요성을 알고 배당 중심의 포트폴리오 전략을 구사합니다. 저 역시도 몇 년간 직접 투자 경험을 해보고서 시장이 무서운 곳이라는 걸 확실히 깨달았습니다. 그래서 투자 원금을 안정적으로 지키려면 배당 투자자가 되어야 한다고 생각합니다.

일단, 배당 투자자는 '야수의 심장'을 가진 투자자보다 편안하게 잠자리에 들 수 있습니다. 매일 시장 개장 소식에 얽매일 필요도 없으며 밤사이 일어난 일로 시장이 어떻게 움직일지 전전긍긍할 필요도 없습니다. 시황판은 하루에 한 번 정도만 봐도 됩니다. 심리적으로 여유롭기에 일상생활도 훨씬 더 잘할 수 있습니다.

배당 투자자가 선택한 종목은 우량 기업이거나 꾸준한 성과를 내고 있는 ETF입니다. 이런 종목은 시장 위기에 맞서는 방어력이 아주 좋습니다. 물론 안전한 우량 종목 위주로 투자한다 하더라도 블랙먼데이 같은 급작스러운 폭락을 피하긴 어렵습니다. 폭락하더라도 상대적으로 덜 떨어지고 그동안 쌓아둔 배당금으로 손실을 조금이라도 커버할 수 있기 때문에 시장의 위기에 강하다고 봅니다. 그리고 실제 회복세로 돌아간다면 가장 먼저 반등하는 것도 이들 종목입니다.

배당주 투자를 시작하기 전 배당 투자자가 가져야 할 네 가지 원칙에 대해 살펴보겠습니다.

나의 약점을 인정한다

한 마디로 주제 파악을 잘해야 합니다. 경제학 관련 전공자나 애널리스트, 전문 트레이더 같은 주식 전문가가 아닌 이상 PER, PBR, PCR, EPS, ROE, 캔들차트분석, 퀀트투자 같은 어려운 용어를 완벽하게 이해하기는 어렵습니다. 설사 힘들게 배웠다 해도 이를 갖고서 기업 분석을 하고 투자 종목을 결정하는 행위 역시 쉬운 일이 아닙니다.

차트분석 등의 기계적인 방법으로 매수 및 매도 시점을 선택하는 전문 트레이더들은 주가가 상승하면 매수하고, 주가가 하락하면 매도하는 기술적 분석으로 투자를 합니다. 하지만 배당 투자자는 그렇게 하지 못합니다. 고급 기술을 이용하는 트레이딩 재능이 없으며 정보력도 부족하다는 걸 인정하는 것이 중요합니다.

오랫동안 검증된 전통 가치주에 투자한다

처음 주식 투자를 시작할 때 '초심자의 행운'(초보자가 운이 좋게 성공을 거두는 것을 말함)을 실력이라고 착각하는 경우가 있습니다. 상승장에서는 어제 샀어야 했나, 혹은 지금 당장 사야 하지 않을까, 조바심이 나기도 합니다. 그런데 이때가 돈을 잃을 확률이 가장 높은 타이밍입니다.

수익을 보고 매도한 종목의 가격이 계속 오르면 불안감에 다시 그 종목을 비싸게 매수하는 실수를 저지릅니다. 그러다 계좌가 녹아내리는(잔액이 점점 사라지는) 경험을 합니다. 그렇게 몇 번의 실수를 끝으로 성장성은 높지만 어떻게 될지 알 수 없는 종목 대신 오랫동안 같이 갈 수 있는 안정적인 종목을 선택합니다. 저는 검증된 전통 가치주 중심의 투자가 더 맞다고 생각합니다. 이러한 특성을 지닌 투자자가 배당 투자자입니다.

누구도 믿어선 안 된다

배당 투자자들은 전문가나 애널리스트, 유명 유튜버를 믿지 못합니다. 왜냐하면 전문가는 자신의 밥벌이를 위해 종목을 추천하고 투자를 추천합니다. 눈앞의 이익 때문이 아니라 하더라도, 미래를 정확하게 예측하는 것은 불가능합니다. 투자 경험이 조금이라도 있다면 다들 알고 있는 사실입니다. 하지만 우리는 매번 까먹고 소위 전문가들에게 "종목 추천 좀 해주세요"라고 말합니다.

요즘같이 기술이 빠르게 변화하고 시장의 불확실성이 큰 상황에서 미래를 예측하거나 전망한다는 것은 어려운 일입니다. 시장과 경제가 어떻게 움직일지는 누구도 알지 못합니다. 뉴턴이나 아인슈타인 같은 천재들 그리고 경제 관련 지식이 풍부한 수많은 경제학자들조차도 돈을 잃는 곳이 주식 시장입니다(이어지는 글에서 이들의 얘기가 나옵니다). 어떤 수학 공식이나 함수,

어떤 물리적 계산도 주가의 향방을 정확히 맞출 수 없습니다.

시장을 믿고 따른다

배당 투자자들은 리스크를 두려워해서 안정적으로 투자합니다. 안정적으로 계좌를 운용하려면 잘 모르는 종목이나 검증이 안 된 종목에 투자할 수 없습니다. 누구나 다 아는 유명한 전통 가치주에 투자하거나, 시장 지수를 따라가는 ETF나 배당 성장 ETF에 투자합니다.

어떤 기업이라도 시대의 변화에 대응하지 못하면 파산할 수 있습니다. 하지만 주식 시장 전체가 붕괴하거나 파산하는 경우는 매우 드뭅니다. 시장이 하락세로 내리막을 걸을 때도 있지만 언젠가는 위기를 극복하고 우상향합니다. 시장 전체를 추종하는 대표 지수 ETF에 투자하라고 하는 이유가 이 때문입니다. 잠시 빠질 순 있지만 국가가 사라지지 않는 한 언젠가는 우상향을 달리기 때문입니다.

주식 시장 나아가 자본 시장은 경쟁이 치열하고 냉혹한 곳입니다. 시장을 이기는 종목은 없고 투자자도 없습니다. 우리는 항상 시장을 두려워하고 그 앞에서 겸손해야 합니다. 어떤 투자든 경험과 실력이 다르므로 무엇이 정답이라고 말하긴 어렵습니다. 하지만 배당 투자가 비교적 안정적이다는 의견은 분명히 드

릴 수 있습니다. 겁쟁이가 되어 가치주를 선택하든 야수가 되어
성장주나 테마주를 선택하든 선택은 여러분이 하는 것입니다.

12
대가들로부터 배우는 투자 전략

주식 투자는 어렵습니다. 18세기 초 천재 과학자 뉴턴도 역사상 최초의 버블로 알려진 영국 남해회사(South Sea Company)에 투자해 전 재산의 90%를 잃었습니다. 남해회사 폭락 사건은 네덜란드 튤립 파동, 프랑스 미시시피 투기와 함께 세계 3대 버블 사건입니다. 주식 투자 실패 후 뉴턴은 "천체의 움직임은 계산할 수 있지만, 인간의 광기는 계산할 수 없었다!"라는 유명한 문장을 남겼습니다. 당시 그가 주식 투자로 잃었던 돈을 현재 가치로 환산하면 약 50억 원에 달합니다. 당대 최고의 과학자라 할지라도 투자에서는 큰 손해를 입습니다. 참 아이러니합니다.

또 다른 천재 물리학자 아인슈타인 역시 노벨상(1921년)으로 받은 상금 2만 8천 달러를 주식에 투자했다 몽땅 날리는 경험을 합니다. 당시 아인슈타인은 부인과 이혼하며 위자료를 물어야 했는데, 노벨상 상금을 밑천 삼아 주식 투자로 위자료를 충당하려고 했지만, 대공황이 닥치는 바람에 투자 원금을 잃고 맙니다.

뉴턴이나 아인슈타인 같은 천재 물리학자도 우주의 움직임은 예측했어도 인간의 광기나 미국의 대공황은 예측하지 못했습니다. 천재에게조차도 주식 투자는 어렵습니다. 이들뿐만이 아닙니다. 유명한 경제학자들도 주식 투자에 실패한 사례가 많습니다.

주식 투자는 왜 어려울까

경제학은 인간의 합리성에 바탕을 두고 사회 현상을 분석하고 예측하는 학문입니다. 하지만 투자라는 영역으로 들어오면 이성보다 감성 같은 심리적 영향력이 커 비이성적으로 행동하는 경우가 많습니다. 천재 물리학자인 뉴턴과 아인슈타인도 결국 사람들의 비이성적 행동을 예측하지 못해 주식 투자에 실패했습니다.

2020년 코로나로 잠시 곤두박질쳤던 주가가 2021년이 되어서는 역사상 유례없는 상승장을 이어왔습니다. 많은 분이 주식 시장에 들어오고, 각종 경제 전망 유튜브 채널 등이 만들어졌습니다. 이때는 고수고 초보고 간에 모두가 수익을 올렸습니다. 이

럴 때 자신이 투자 재능이 있다고, 종목 선정을 기가 막히게 잘한다고 생각합니다. 하지만 진실은 시중에 풀린 엄청난 돈으로 시장이 좋아서 종목이 상승한 것이지, 우리가 종목 분석을 잘했거나 매수 타이밍을 기가막히게 포착했던 것은 아닙니다. 사실 2021년처럼 투자하기 쉬웠던 시장은 그동안 없었습니다. 만약 그랬다면 누구나 백만장자가 될 수 있었을 것입니다.

2022년이 되어서는 2021년과는 다른 양상이 펼쳐졌습니다. 투자하면 누구나 돈 벌던 시대는 끝이 났고, 미국 주식 시장은 코로나19 팬데믹 이전으로 돌아갔습니다. 어찌 보면 이것이 정상입니다. 코로나19 팬데믹 이전 나스닥은 1만 포인트 아래였는데, 시장에 무지막지하게 풀린 엄청난 유동성은 나스닥 지수를 16,212포인트까지 끌어올렸다가 불과 6개월 만에 다시 1만 포인트 언저리로 끌어내렸습니다. 60% 상승하고 다시 35% 하락한 것입니다.

개인 투자자가 폭락과 상승을 거듭하는 시장에서 정확한 대응을 한다는 것은 불가능합니다. 전문 투자자나 기관 투자자도 쉽지 않습니다. 불안감과 두려움을 떨쳐내고 미래 자본 시장을 긍정적으로 바라보며 견뎌내는 것이 최선입니다.

현명한 투자자의 발언

오랜 기간 시장에서 머무르며 견뎌 온 현명한 투자자들은 어떤 식으로 버텨냈을까요? 워런 버핏은 "보유한 주식이 50% 급락하는 것을 견뎌낼 자신이 없는 사람은 주식 투자를 하지 말라"고 했습니다. 하루 이틀 투자하고 마는 것이 아니라 평생 투자한다고 생각하면, 폭락장을 수도 없이 경험할 텐데 그때마다 스트레스와 불안을 견디지 못한다면 주식 투자를 하지 않는 것이 낫다고 했습니다. 50% 폭락하는 시장에서도 인내심을 가지고 계속 시장에 머무르는 것이 최선의 전략이라고 말했습니다.

앙드레 코스톨라니는 "우량주 몇 종목을 사서 수면제를 먹고 푹 자라, 10년 후에 깨어나 보면 부자가 되어있을 것이다"라며 장기 투자의 중요성을 강조했습니다. 70년간 주식 투자를 하면서 차트 매매로 부자가 된 사람을 한 명도 본 적이 없다며, 단기 차익 매매를 하는 사람을 두고는 노름꾼이라고 비판했습니다. 그리고 "인내심이 부족한 사람은 주식 시장을 떠나야 하며, 인내는 주식 투자의 실수를 줄이는 단 하나의 요소"라고도 말했습니다.

2021년 폭락장에서는 안전 자산이라 할 수 있는 미국 채권도 크게 하락했습니다. 채권은 주식이 하락할 때 그 위험을 상쇄해주는 역할을 하므로 사실 이런 일은 매우 드문 경우입니다. 이렇듯 시장에서는 언제나 한 번도 일어나지 않았던 일들이 벌어집니다.

역사상 최고의 펀드 매니저인 피터 린치는 "새로 닥친 위기는 항상 이전 위기보다 더 심각해 보여서, 악재를 무시하는 것은 언제나 어려운 일"이라고 했습니다. 피터 린치의 폭락장 대응 매뉴얼은 매우 단순합니다. "추가 매수를 하거나 그냥 내버려 둔다"입니다.

시장을 떠나지 말라!

잠깐이지만 워런 버핏, 앙드레 코스톨라니, 피터 린치 등 세계적인 투자자들의 투자에 대한 생각 폭락장에 대한 생각을 살펴보았습니다. 이들은 한결같이 시장을 예측하려고 하지 말고, 인내심을 가지고 시장에 오래 머무르라고 조언을 건넸습니다. 일반 투자자들은 폭락장을 맞이하면 공포심을 가진 나머지 보유한 주식을 팔고 시장을 떠나지만 자포자기하기보다는 시장을 잘 관찰하며 기다리는 것이 중요하다고 강조했습니다.

역사적으로 짧게는 3개월에서 길게는 3년까지 주가가 지속해서 하락하는 시기가 있었지만, 장기 투자자에게는 좋은 매수 찬스였습니다. 매월 급여의 일부를 떼서 적립식 투자를 하는 장기 투자자에게는 저가 매수를 할 수 있는 타이밍으로 보유 주식의 단가를 낮출 기회였습니다. 그러니 폭락장이든 상승장이든 꾸준히 적립식으로 투자하는 습관이 정말 중요합니다. 꾸준함이 투자자의 가장 강력한 무기이자 전략입니다.

포트폴리오 리밸런싱

인내와 적립식 매수가 정답이지만 시장을 잘 모르고 엉겁결에 투자를 시작했다가 주가가 바닥을 치는 상황에 빠져든다면, 내가 가진 종목이 우량주인지 아닌지를 살펴봐야 합니다. 특히 변동성이 높은 섹터의 종목이라면 무조건 장기 보유만이 정답이라고 말하기 어렵습니다. 이때는 한두 종목에 손해 보지 않으려고 끝까지 보유를 선택하는 것보다 전체 투자금에서 손해를 안 보는 전략을 세우는 게 좀 더 현명한 선택입니다. 이는 수익이 난 종목과 손실 종목을 매도해서 수익 밸런스를 맞추는 것과도 같습니다.

밸런스를 맞춰 심리적 안정을 찾는다면 시장을 떠나지 않고 머무를 수 있는 에너지를 얻습니다. 그러다 시장이 다시 하락세에 접어들면 그동안 보유해둔 현금은 좋은 종목을 싸게 살 수 있는 황금 시드머니가 됩니다.

폭락장을 견디기 위해 이런 식의 포트폴리오 재편은 현명한 전략입니다. 내가 가진 자산이 성장주나 기술주 같은 변동성이 높은 특정 종목에 몰려 있다면, 변동성이 적고 배당으로 현금 흐름도 만들수 있는 전통 가치주나 배당주 비중을 높이는 포트폴리오 리밸런싱을 검토하는 것이 좋습니다.

3부.
다양한 배당 상품(ETF)
이해하기

13
ETF의 역사

"나는 항상 상장지수펀드(ETF)로 투자한다. 그리고 그것은 정말 멋진 일이다!" 투자의 귀재로 불리는 짐 로저스(로저스홀딩스 회장)는 대표적인 ETF 예찬론자 중 한 명입니다. 그리고 ETF 예찬론자가 한 사람 더 있는데, 바로 워런 버핏입니다. 워런 버핏은 아내에게 "내가 죽으면 모든 자산의 90%를 S&P 500 인덱스펀드(ETF)에 투자하라"는 유언까지 남길 정도로 ETF 투자가 일반 투자자에게 가장 바람직한 투자의 정석이라고 말해왔습니다.

금융 시장에는 우리가 생각하는 것 이상으로 다양한 금융 상품들이 거래됩니다. 재테크나 자산 관리에 필요한 예적금, 청약저축, CMA, 보험, 주식, 연금 같은 것이 있고 주식 안에서도

ELS, ELD, ELF, ETF, ETN 등이 있습니다. 이렇게 수많은 금융 상품 중 왜 투자 대가들은 ETF를 극찬하는 것일까요?

ETF의 시작

ETF는 상장지수펀드(Exchange Traded Fund)라는 명칭 그대로 거래소에서 주식처럼 쉽게 사고팔 수 있는 인덱스펀드를 의미합니다. ETF의 창시자는 뱅가드그룹의 존 보글 회장입니다. 그는 1976년 8월에 미국의 대표 지수인 S&P 500 지수를 추종하는 인덱스펀드를 최초로 출시했습니다. 존 보글 회장은 투자자들에게 낮은 수수료로 많은 기회가 주어져야 한다고 말하면서, 수수료만 챙기고 수익은 형편없는 액티브 펀드에는 많은 문제가 있다고 생각했습니다. 그래서 시장 지수를 그대로 추종하면서 따라가는 패시브한 인덱스펀드가 오히려 액티브 펀드보다 훌륭한 성과를 만들 수 있다고 생각했습니다.

존 보글이 ETF라는 훌륭한 상품을 출시했음에도 뱅가드그룹이 ETF 시장을 지배하지는 못했습니다. 그 이유는 아이러니하게도 그의 투자 전략 때문이었습니다. 존 보글 회장은 생전에 "도넛보다는 베이글 같은 투자를 하라!"는 투자 철학을 가지고 있었습니다. 달콤한 도넛처럼 사고파는 행위를 통한 단기 트레이딩보다는 달콤함은 없지만 영양분이 풍부해서 몸에 좋은 베이글처럼 시장에서 오래 머무르는 장기투자를 해야 한다고 주장했습니다. 그런데 "ETF는 잦은 매매를 하도록 유혹한다는 단점이 있다"라면서 쉽게 사고 팔 수 있는 ETF 구조가 자신의 장기 투자 철학과 들어맞지 않다고 생각했습니다. 그래서 자신이 만들었음에도 큰 관심을 두지 않았습니다.

ETF를 창시한 것은 존 보글이지만 정작 ETF가 일반 투자자들에게 큰 인기를 얻으며 대중화되기 시작한 것은 17년이 지난 1993년에 자산운용사 SSGA(State Street Global Advisors)에 의해서였습니다. 이 회사에서 그 해 1월 S&P 500 지수를 추종하는 ETF를 출시하는데, 이 ETF가 바로 '스파이'라는 애칭으로 불리는 그 유명한 **SPY**(풀 네임은 SPDR S&P 500 TRUST ETF, 이를 줄여서 SPY라고 짧게 부릅니다. 이렇게 짧게 줄여서 부르는 이름을 '티커'라 합니다.)입니다.

SPY는 S&P 500 지수를 1배로 추종합니다. 1993년 1월 22일 처음 설정되어 미국 주식 시장의 역사를 보여주는 대표 ETF입니다. 사실상 세계 최초의 ETF입니다. 인덱스펀드를 창시한 건 존 보글이고, 1989년 미국 S&P 500지수를 추종하는 상품이 미국 증권 거래소와 필라델피아 증권 거래소에 상장된 것이 ETF의 시초지만, 대중들에게 각인되기 시작한 것은 SPY이기 때문에 이 상품을 두고 ETF의 출발점으로 보기도 합니다.

ETF 전성기

존 보글이 ETF를 처음 금융 상품으로 만들어서 출시하고, SSGA가 SPY로 ETF 대중화시켰다면, 본격적으로 ETF 전성기를 이끈 것은 세계 최대의 자산운용사인 블랙록입니다. 블랙록은 시장지수를 추종하는 ETF 외에도 산업 섹터별 ETF부터 채권형 ETF까지 정말 다양한 ETF 상품을 개발해서 투자자의 욕구를 충족시켰습니다. 현재 블랙록은 미국의 자산운용사 중에서 가장 많은 400여 개의 ETF 상품을 운용하고 있습니다. 그중에서도 자산 규모가 크고 투자자들로부터도 인기가 높은 대표적인 ETF가 IVV(미국 S&P 500지수 추종), IEFA(북미를 제외한 선진국 지수 추종 ETF로 약 3,000개 기업에 투자), AGG(채권 ETF 중 시가총액이 가장 큰 미국 종합 채권 ETF) 입니다.

물론 ETF가 처음부터 큰 인기를 끌었던 것은 아닙니다. ETF가 본격적으로 성장한 시기는 2008년 세계금융위기 이후입니다. 당시의 금융위기는 그동안 알고 있던 투자 상식을 뒤집어 버렸습니다. 수익 구조가 좋고 배당성향이 높은 대형 주식들이 중소형 주식들보다 안전하리라는 고정 관념을 깨버렸습니다. 이때 리먼 브라더스를 비롯해 수많은 글로벌 대형 금융 기업이 무너지면서 S&P 500 지수 내 대형주들이 중소형주 중심의 RUSSEL 2000 지수보다 더 큰 손실을 기록했습니다. "개별 종목과는 절대 사랑에 빠지지 말라!"는 주식 명언과 그대로 들어

맞았던 것이죠.

금융위기를 경험하면서 투자자들은 아무리 대형주라도 개별 종목에 투자하는 것은 안심할 수 없는 일이며, 투자 자산 배분을 위한 건전한 포트폴리오 구축이 필수임을 자각하게 됩니다. 또한 액티브 펀드가 시장 지수를 추종하는 패시브 ETF보다 더 나을 게 없다는 것도 깨닫게 됩니다. 아무리 역량이 뛰어난 펀드매니저라도 폭락장이나 약세장에서는 구원자가 될 수 없다는 사실을 알게 된 투자자들은 액티브 펀드보다 ETF에 주목하게 됩니다. 이처럼 세계금융위기는 전 세계의 투자금이 ETF로 쏠리는 결정적인 역할을 했습니다.

국내 ETF

국내에서는 삼성자산운용과 키움투자자산운용이 2002년 10월 14일에 ETF를 처음으로 상장했습니다. ETF가 인덱스펀드를 상장하는 것으로 시작된 상품이기 때문에 미국은 미국 주식 시장을 대표하는 S&P 500 지수 추종 ETF로 출발했고, 한국은 KOSPI 200이라는 국내 대표 우량 기업 200개를 모아 ETF로 출시했습니다.

한국에서도 처음에는 ETF가 투자자의 큰 관심을 끌지는 못했습니다. 그러다 미국과 마찬가지로 2008년 세계금융위기 이후 증시가 크게 폭락하면서 ETF에 대한 관심과 투자가 본격적으로 시작되었습니다.

미국 ETF 시장 규모(2023년 7월 기준)는 약 10조 달러(약 1경 3,000조 원)로 한국의 100조 원과 비교하면 거의 100배 이상의 차이가 납니다. 우리나라 1년 정부 예산이 2023년 기준 약 639조 원 정도인데, 그 20배에 달하는 규모가 미국 ETF 시장 규모입니다. 사실 너무 큰돈이라 잘 가늠도 안 됩니다.

미국 증시에 상장된 기업의 시가총액이 약 42조 달러이고, 한국 기업의 시가총액이 2조 달러가 조금 넘으니 약 1/20 수준인데, ETF 시장 규모는 한국이 미국의 백 분의 1 수준밖에 안 되니 앞으로 우리나라 ETF 시장도 계속 성장할 것으로 보입니다. 국내 증시에서 ETF 비중이 3%대인데 반해, 해외 선진국들은 10% 수준입니다. 2002년 말 3,500억 원, 2005년 1조 원을 돌파하더니 2011년 10조 원, 2019년 50조 원을 거쳐, 2023년 100조 원을 넘어섰습니다. 계속해서 ETF가 성장하고 있다는 것을 볼 수 있습니다. 50조 원에 도달하는데 18년, 그 두 배인 100조 원에 도달하는 데 3년밖에 걸리지 않았습니다. 200조 원을 넘어서는 시간도 얼마 남지 않은 것 같습니다(과연 얼마의 시간이 필요할까요?).

국내 시장은 총 23개 자산운용사가 733개의 ETF를 운용하고 있으며, 2023년 5월 말 기준으로는 시장 점유율 1위가 41.6%를 차지하고 있는 삼성자산운용(ETF 상장 종목 수 164개)입니다. 2위는 36.4%를 점유하고 있는 미래에셋자산운용(ETF 상장 종목 수 163개)입니다. 미국은 3개 자산운용사(블랙록, SPDR, 뱅가드그룹)가 시장 점유율 80%를 차지하고 있습니다. 우리나라는 2개 자산운용사가 78%의 비중을 차지하고 있습니다.

총 관리 자산이 큰 자산운용사는 그만큼 투입된 투자 자산이 크다는 의미이고, 투자자들이 돈을 많이 넣어두었다(투자했다)는 의미입니다. 당연히 거래량도 많습니다. 거래량이 많아야 팔고 싶거나 사고 싶을 때 매매 체결이 수월합니다. 그 반대가 되면 원하는 타이밍에 매매 체결을 걸어놔도 호가(사고자 하는 값)와 갭이 생겨서 원하는 가격에 빠르게 거래가 성사되지 않습니다. 될 수 있으면 큰 규모의 ETF를 택하라라고 말하는 이유가 이 때문입니다.

금융 전문가들은 ETF를 '21세기 최고의 금융 상품'으로 높게 평가하고 있습니다. ETF는 전 세계적으로 투자자들이 선호하는 대표적인 금융 상품이 되었습니다. 투자자 관점에서 일반 주식종목처럼 사고팔기 쉬운 편의성에 낮은 수수료와 거래의 투명성까지 ETF의 인기는 앞으로도 더욱 커질 것입니다. 그중에서도 배당주 중심의 ETF는 '핵 오브 핵'이 될 것입니다.

14
ETF의 종류와 대표 ETF

미국 주식 시장으로는 전 세계의 투자금이 흘러들어옵니다. 세계 최대의 자본 시장인 만큼 자산운용사의 규모 또한 월드탑 클래스입니다. 미국은 자산 운용사의 규모 면에서 우리나라와 비교도 할 수 없을 정도로 큰돈을 움직입니다. 우리나라 ETF 자산 운용사 1위인 삼성자산운용의 관리 자산은 2021년도 기준 300조 원이지만, 미국 ETF 1위인 블랙록은 3,000조가 넘습니다. 10배 차이가 납니다. 우리가 미국을 '천조국'이라고 부르는 이유가 시가총액 1, 2위를 다투는 애플이나 마이크로소프트의 시가총액이 3천조를 넘어섰기 때문입니다.

이름처럼 미국 시장에는 ETF 운용 규모도 어마어마하며 상

ETF의 종류

구분	주요 특징	대표 ETF
① 지수형 ETF	추종하는 지수를 유사하게 따라가도록 구성	S&P500 : SPY,VOO,IVV NASDAQ100 : QQQ DOW JONES : DIA
② 섹터형 ETF	각 산업섹터별에 해당하는 종목들에 투자	기술주 섹터 : VGT(뱅가드그룹) 헬스 섹터 : XLV(SPDR) 금융 섹터 : XLF(SPDR)
③ 테마형 ETF	바이오, 4차산업 등 성장가능성이 높은 테마주	바이오테크 : IBB(블랙록) 미래혁신기업 : ARKK(아크) 클라우드테마 : SKYY(FIRST T)
④ 채권형 ETF	미국의 단기,장기채권에 분산 투자	20년물 장기채권 : TLT 10년물 장기채권 : IEF 1년물 단기국채 : SHY
⑤ 배당형 ETF	분기나 월별 배당금을 지급하는 종목들을 취함	배당 성장 : SCHD, DGRO 고배당 커버드콜 : JEPI, QYLD 우선주 : PGX, PFF
⑥ 파생상품 ETF	레버리지와 인버스	레버리지 : TQQQ, UPRO, TMF 인버스 : SQQQ, QID
⑦ 원자재형 ETF	원유,금,은,농산물 등과 같은 원자재에 투자	원유ETF : UCO(프로쉐어즈) 금광ETF : GDX(VanEk)

품 또한 엄청나게 많습니다. 지금부터 미국 ETF 종류와 대표 ETF 상품을 소개해 드리겠습니다. 사실 ETF를 구분할 때에는 여러 다양한 기준으로 분류할 수 있습니다. 시장 지수를 추종하는 패시브 ETF와 펀드매니저의 역량으로 성과가 좌우되는 액티브 ETF로 분류하기도 하고, 배당률을 기준으로 고배당/중배당/저배당 ETF로 구분하기도 합니다. 저는 투자 초보자들이 가장 통상적으로 이해하기 쉬운 분류를 가져왔습니다. 이 분류에는 제가 강조하는 배당형 ETF도 포함되어 있습니다.

지수형 ETF

먼저 지수형 ETF는 말 그대로 추종 지수가 있고 이를 유사하게 따라가도록 구성된 상품입니다. S&P 500이나 NASDAQ 100

시장 지수에 포함된 종목들을 그대로 따르기 때문에 시장 지수 성과와 유사한 결과를 얻을 수 있습니다.

지수형 ETF는 가장 보편적이고 초보 투자자들이 접근하기도 무난한 상품입니다. 당연히 가장 많은 인기를 누리고 있으며 가장 많은 투자자를 보유하고 있습니다. 대표적으로 S&P 500 지수를 추종하는 SPY와 NASDAQ 100 지수를 추종하는 QQQ가 있습니다. 특히 S&P 500를 추종하는 ETF는 SPY 외에도 블랙록에서 출시한 IVV와 뱅가드그룹의 VOO도 있습니다. 상품 이름이 영어 약자(티커)로 되어 있어 우리나라 ETF 상품명과는 많이 달라 처음에는 낯설지만 자꾸 보다 보면 익숙해집니다.

SPY, IVV, VOO 모두 S&P 500지수를 추종합니다. 운용사 별로 운용수수료 차이만 있을 뿐, 성장률과 배당률은 거의 유사합니다. 그래서 3개 ETF 중 어느 종목을 선택하더라도 크게 상관은 없습니다. 운용수수료는 VOO가 가장 저렴하지만, SPY가 자산 규모가 크고 거래량도 많기 때문에 셋 중에 일부러 SPY를 선택하는 분도 많습니다.

NASDAQ 100 지수에 연동되어 있는 QQQ는 자산운용 규모 4위 회사인 인베스코에서 출시했습니다. 앞으로 미래를 이끌 미국 글로벌 기술 기업에 투자할 수 있는 상품입니다. 그래서 인기가 매우 높은 ETF 중 하나입니다.

섹터형 ETF

미국 주식은 총 11개 섹터로 구분됩니다. 애플과 마이크로소프트 등 빅테크 기술기업이 속한 기술 섹터부터 헬스, 금융, 경기소비재, 통신, 산업재, 필수소비재 등 11개 산업으로 구분되어 있습니다.

미국 산업을 분류하는 11개 섹터

기술	헬스	금융	경기소비재	통신
애플 마이크로소프트	존슨앤존슨, 화이자 애브비, 머크 길리어드사이언스	제이피모건 버크셔해서웨이, 비자	아마존, 테슬라 스타벅스, 맥도널드 나이키	구글, 메타, 넷플릭스 AT&T,버라이즌

산업재	필수소비재	에너지	유틸리티	부동산	소재
보잉, 3M 록히드마틴	월마트 코카콜라, 펩시코	엑슨모빌 쉐브론	넥스트라에너지	아메리칸타워 리얼티인컴	듀폰 코르테바

섹터의 선택은 앞으로 성장 가능성이나 자신의 투자 성향 등을 보고 판단하면 됩니다. 안정적인 투자 성향을 가졌다면 필수소비재, 경기소비재, 통신 섹터 같은 경기 방어주 역할을 할 수 있는 섹터를 선택하고, 반대로 패시브한 투자를 하면서도 좀 더 성장성을 고려하고 싶다면 IT 기술 섹터나 세계적인 고령화로 꾸준한 성장이 예상되는 헬스(바이오) 섹터의 ETF를 선택해도

됩니다. 섹터별 ETF에 투자한다는 것은 각 섹터의 대표 기업 중심으로 분산 투자를 한다는 의미입니다. 성장 산업에 투자하면서도 투자 위험성을 조금이라도 줄이는 방법이 됩니다.

테마형 ETF

테마형 ETF는 섹터형 ETF와 비슷합니다. 차이점이 있다면 산업별 구분이 아닌 4차 산업이나 클라우드, AI 같은 많은 사람으로부터 주목받는 테마(트렌드)로 종목(기업)을 묶어놓았다는 점입니다.

대표 ETF로 한국에서 '돈나무 언니'라는 닉네임으로 불렸던 기술/성장주 투자자인 캐시 우드(이름을 직역하면 '돈 나무')가 대표로 있는 아크인베스트먼트에서 출시한 **ARKK**가 있습니다. ARKK는 혁신 성장이 기대되는 종목들에 투자하는 ETF로 2020년 코로나 팬데믹 시기에 최대 수혜를 받은 ETF입니다. 당시 엄청나게 풀린 유동성 그리고 비대면 사회로의 진입 트렌드는 미국 기술주의 가치를 크게 끌어올려 시장의 평균 수익률을 훌쩍 뛰어넘는 퍼포먼스를 보여주었습니다. 하지만 영원히 오르는 종목은 없듯 ARKK도 최근의 높은 인플레이션으로 고금리 파도를 넘어서는 데에는 한계를 보이고 있습니다.

우리가 트렌드를 쫓는 테마주에 투자하다 큰 실패를 경험하듯, 테마형 ETF에 투자하는 것 역시도 변화 리스크가 동반될 수 있다는 점을 명심해야 합니다.

채권형 ETF

최근에 이슈가 되고 있는 것은 채권형 ETF입니다. 채권형 ETF
는 채권에 분산투자하는 상품입니다. 일반적으로 채권은 투자
자들이 쉽게 투자하기 어려운 상품이지만 채권형 ETF를 통해
서라면 소액으로도 쉽게 투자할 수 있습니다. 대표적으로 블랙
록에서 출시한 미국 단기채권에 투자하는 **SHY**와 미국 20년 장
기채권에 투자하는 **TLT**가 있습니다.

2007년 이후 16년 만에 미국 20년물 장기국채 금리가 5%를
넘어섰고, 10년 만기물도 4.8%가 넘어 5%에 육박하고 있습니
다(금리 상승). 이로 인해 미국 20년물 채권형 ETF인 TLT의 주
가가 연이어 폭락했습니다(주가 하락). 이처럼 국채 금리가 상승
하면 채권형 ETF 가격은 하락하고, 국채 금리가 하락하면 채권
형 ETF 가격은 올라갑니다.

금리와 채권 사이의 관계를 조금 더 설명해보겠습니다. 3%
이자를 지급하는 5년 만기 국채가 있습니다. 여기에 1천만 원을
투자했습니다. 투자자는 매년 30만 원의 이자를 받습니다. 그리
고 만기가 도래하면 투자금인 1천만 원을 돌려받습니다. 그런데
투자한지 얼마 되지 않아 이자가 3%에서 2%로 떨어졌습니다.
앞서 3%때 발행한 채권이 훨씬 매력적인 상품이 됩니다. 이자

를 더 받을 수 있으니까요. 그러면 해당 채권을 살려는 사람들이 늘어나고 채권 가격은 오르게 됩니다. 즉, 금리(이자)가 낮아지면 채권 가격은 올라가고, 반대로 금리가 높아지면 채권 가격은 낮아집니다.

최근 시장 흐름은 금리 인하 방향으로 가고 있습니다. "금리는 언젠가는 내린다"라고 생각하며 ETF만 계속 매수하는 '채권 개미'들이 꽤 있습니다. 이들은 앞서 강조한 장기 투자라는 관점에서 꾸준히 인내하면서 수익 창출을 꾀하고 있습니다.

배당형 ETF

배당형 ETF는 분기 또는 월 단위로 배당금을 받을 수 있는 ETF로 은퇴 후 현금 흐름에 목마른 투자자들이나 배당금으로 재투자를 하고자 하는 분들에게 적합한 상품입니다. 배당형 ETF들은 세전 배당률에 따라 6% 이상의 높은 배당률을 지급하는 고배당 ETF, 4~6%대의 적당한 배당률을 지급하는 중배당 ETF, 2~3%의 낮은 배당률이지만 주가 성장도 기대해 볼 수 있는 저배당 ETF로 분류할 수 있습니다.

고배당 ETF의 대표적인 종목군은 제이피모건에서 출시한 **JEPI**, **JEPQ** 그리고 글로벌 엑스에서 출시한 **XYLD**, **QYLD** 등이 있습니다. 이들은 모두 공통적으로 커버드콜(옵션) 전략을 실행하는 액티브 ETF입니다.

배당 ETF 종류

배당률에 따른 배당 ETF 분류

구분	세전 배당률	대표 종목	주요 특징
고배당	6% 이상	XYLD, QYLD, RYLD, JEPI, JEPQ, GPIX, GPIQ, TLTW	높은 배당률 투자원금 하락에 대한 우려
중배당	4 ~ 6%	SPHD, SPYD PFF, PGX	높은 주가 안정성
저배당	2% ~ 3%	DGRO, SCHD	매년 배당금이 증액 뛰어난 방어력 + 훌륭한 성장성

커버드콜 전략은 주식을 소유하면서 '콜옵션'(운용사가 정한 가격에 주식을 매수할 수 있는 권리)을 팔아서 안정적인 수익을 창출한다는 전략입니다. 주식을 보유한 상태에서 콜 옵션을 매도하여 옵션 프리미엄을 수익으로 얻습니다. 주가가 예상대로 움직이지 않으면 손해를 볼 수 있기 때문에 커버드콜 전략은 주식의 가격 변동에 따른 위험을 감소시키는 방법으로 사용됩니다. 한 달 후에 1,500원에 주식을 살 수 있는 권리인 콜옵션을 매수자가 행사하면, ETF(운용사)는 그 가격에 주식을 매도해야 합니다. 이때 옵션 프리미엄은 ETF의 수익이 됩니다. 하지만 주가가 1,500원을 넘게 된다면 그 이상의 차익은 포기해야 합니다. 이러한 구조로 커버드콜 전략은 안정적인 배당금을 지급할 수 있으며, 고배당(6~10%)이 가능합니다. 하지만 세상에 공짜 점심은

없는 것처럼 높은 배당만 보고 투자해서는 안 되고 반드시 해당 종목군의 주가 변화와 운용 방식, 그리고 배당 추이 등을 충분히 보면서 투자를 검토해야 합니다(주가가 많이 떨어지면 6% 고배당을 준다 하더라도 배당액이 크지 않겠죠)."

중배당 ETF의 경우 주가 안정성을 추구하는 종목이 많습니다. 4~6%의 배당률에 큰 성장을 기대하진 않으나 위기에 보다 안전성을 가진 종목입니다. S&P 500 지수 내 고배당 종목 중 변동성이 적은 50개 종목에 투자하는 ETF인 **SPHD**와 S&P 500 지수 내 금융과 부동산, 에너지 등 대표적인 고배당 섹터 내 상위 80개 종목에 분산 투자하는 **SPYD** 등이 있습니다.

저배당 ETF는 2~3%의 배당율을 갖고 있고 상승기에는 주가 성장성도 기대해 볼 수 있는 상품입니다. 두 마리 토끼를 쫓을 수 있는 종목인 셈입니다. 대표 상품으로 최강의 배당 성장 ETF라 불리는 **SCHD**와 블랙록에서 출시한 **DGRO**가 있습니다. SCHD와 DGRO는 분기배당 ETF입니다. 월배당을 받고 싶은 분들은 **DGRW** 투자를 많이 합니다.

소개한 ETF들(고배당, 중배당, 저배당)은 매년 배당금이 늘기 때문에 5년이나 10년 후를 대비해 장기 투자를 하기에 적합합니다. SCHD같은 종목은 상장된 후 연평균 9% 이상씩 주가도 상승하면서 지난 11년 동안 매년 배당금이 증액됐습니다. 배당 ETF의 역사를 새롭게 써가는 종목입니다.

파생상품 ETF

일단 파생상품이 무엇인지 알아야 할 텐데요. 파생상품이란 원자재, 통화, 증권 등의 기초 자산에 근거하여 장래 가격 변동에 따른 위험을 소액의 투자로 사전에 방지하고 위험을 최소화하는 목적으로 도입된 거래 상품입니다.

파생상품 ETF는 레버리지나 인버스까지 포함합니다. 레버리지 ETF는 추종 지수의 변동폭에 두 배 또는 세 배의 수익을 거둘 수 있는 고수익 상품입니다(반대로 잃게 되면 마찬가지로 두 배, 세 배로 잃게 되는 고위험 상품). 인버스 ETF는 추종 지수와 반대로 움직이는 상품으로 주식 시장이 하락할 때 오히려 수익을 내는 상품입니다. 만약, 레버리지나 인버스 ETF에 투자한다면 거래량이 많고, 수수료가 저렴한 곳을 선택하는 것이 유리합니다(위험성이 큰 만큼 초보 투자자에게는 권하지 않습니다).

대표적인 레버리지 ETF인 **TQQQ**는 3배 레버리지 상품으로 나스닥지수가 하루 1% 상승하면 3% 상승하고, 하루 1% 하락을 하면 3% 하락하는 상품입니다. 레버리지나 인버스 ETF 투자는 단기적으로 시장을 몇 배 초과하는 수익을 얻을 수 있지만, 반대로 시장이 투자자가 판단한 대로 흘러가지 않으면 몇 배로 손실을 떠안게 되는 위험한 투자 방식입니다. 상승 추세에는 레버리지 ETF를 매수하고, 하락 추세에는 인버스 ETF를 매수하면 어떤 경우에도 고수익을 낼 수 있다 생각하겠지만 시장은 언제나 생각하는 대로 움직이지 않죠? 그래서 현실적으로는 개인투자자가 파생상품 ETF에 투자해 수익을 내기는 쉽지 않습니다.

그럼에도 높은 수익성 때문인지 레버리지나 인버스 ETF의 인기는 나날이 높아지고 있습니다. 한국예탁결제원에 따르면 2023년 3분기 국내 서학 개미들이 가장 많이 매수한 ETF는 20년물 장기채권형 ETF인 **TLT**의 3배 레버리지인 **TMF**였습니다.

원자재 ETF

말 그대로 원유나 금과 은, 농산물 등과 같은 원자재에 투자하는 상품입니다. 대표 ETF로는 국제 원유(WTI) 및 천연가스 선물로 구성된 2배 레버리지 ETF인 **UCO**가 있습니다.

원자재 ETF의 경우 원자재에 직접 투자하기 어려운 투자자들에게 좋은 대안이 될 수 있습니다. 하지만 원자재 가격 자체가 워낙 변동이 심하고, 여러 경제 요인에 크게 영향을 받기 때문에 신중한 접근이 필요합니다. 원자재 가격 변동 자체만으로도 등락폭이 심한데, 여기에 두 배 레버리지까지 더하게 되면 현기증이 날 정도로 급등락이 심합니다. 따라서 투자 경험이 적은 분들은 다른 좋은 ETF들도 많으니 충분한 투자 경험을 쌓은 후 도전해보는 것이 바람직합니다.

15
미국 ETF 중 시가총액 TOP 10 종목

미국에는 2,500개가 넘는 ETF가 있는데, 그중에 시가총액 기준으로 1위부터 10위를 소개해 드리겠습니다. 가장 많은 사람들이 투자하는 ETF라고 생각하면 되겠습니다.

시가총액 상위 1위~5위

1위는 미국을 대표하는 S&P 500 지수를 추종하는 패시브 ETF인 **SPY**입니다. 이 ETF에 대한 설명은 앞서 여러 번 했던 것처럼 그만큼 가장 대중적인 ETF입니다. 현재 시가총액이 4,192억 달러로 우리 돈으로 560조 원이 넘습니다.

이어서 2위, 3위도 S&P 500 지수의 성과를 그대로 쫓아가는 ETF입니다. 단지 자산운용사만 다를 뿐 운용방식과 전략은 1위 ETF와 같습니다. 2위는 블랙록의 IVV, 3위는 뱅가드그룹의 VOO입니다. SPY가 인기를 얻게 되자, 각 운영사에서 따라서 출시한 종목입니다. IVV와 VOO는 후발주자이다 보니 SPY를 따라잡기 위해 운용 보수를 SPY의 0.09% 보다 저렴한 0.03%로 낮춰서 출시했고, 세전 배당률 역시 SPY보다 단 0.01%라도 더 주려고 합니다.

3개 ETF 모두 S&P 500 지수를 추종이기 때문에 수익률이나 배당률에서는 큰 차이가 없습니다. 운용 보수 역시 3개 모두 매우 저렴한 수준이기 때문에 마음에 가는 ETF를 선택하면 됩니다. 참고로 저는 VOO 그리고 바로 이어서 소개할 4위 ETF인 VTI에 투자하고 있습니다. 개인적인 이유이긴 하지만, 운용사인 뱅가드그룹이 미국 내 여러 자산운용사 중 가장 투자자를 위한 정책을 많이 내주고 있어서 편애하는 편입니다. 그리고 창립자인 존 보글의 투자철학을 존경하다 보니 자연스럽게 손이 그쪽으로 가게 되네요.

ETF 시가총액 4위는 미국 전체 기업에 투자하는 VTI입니다. 존 보글은 생전에 "모든 주식을 소유하라!"는 철학을 투자자들에게 전파했습니다. 자본주의 체제를 믿고 미국이라는 세계 최대 자본주의 국가를 믿는다면, 모든 기업에 투자하는 것이 가장 현명한 투자라는 얘기입니다. 이런 철학에 맞춘 ETF가 바로

VTI입니다.

실제 VTI가 투자하고 있는 종목은 약 3,700여 개 기업입니다. 미국 주식 시장에는 5,500개가 넘는 회사가 상장되어 있는데 사실 모든 기업을 소유하는 것은 불가능하고, 몇 가지 조건에 의해 3,700여 개 기업에 투자합니다. 이 정도 숫자도 엄청난 거라 할 수 있기 때문에 VTI에 투자를 한다는 것은 미국이라는 국가에 투자를 하는 것과 마찬가지입니다.

그리고 재미있는 사실은 미국 전체 기업에 투자하는 VTI와 S&P 500 지수에 속하는 500여 개 기업에 투자하는 ETF와 비교해봤을 때 성과 차이도 크지 않다는 사실입니다. SPY나 VOO 같은 ETF들이 VTI보다 0.3% 정도로만 더 나은 성과를 기록했을 정도입니다.

시가총액 5위는 인베스코에서 출시한 기술성장주 중심의 나스닥 100 지수를 추종하는 **QQQ**입니다. QQQ의 운용보수는 0.2%로 패시브 ETF 치고는 다소 높고, 세전 배당률은 0.62%로 S&P 500 지수에 비하면 배당률이 낮습니다. S&P 500에는 미국을 대표하는 전통 우량 대형주가 있고, 나스닥 100에는 중소형주도 포함되어 있기 때문에 배당률 차이가 날 수밖에 없습니다. 대신 QQQ는 기술주 중심이다 보니 전통 대형 우량주보다는 성장성이 높은 ETF라 할 수 있습니다.

상위 1위부터 5위까지가 모두 미국의 주요 지수를 추종하는 패시브한 ETF라는 점을 생각해 볼 때, 투자에 대한 관점을 다시 고민하게 합니다. 가장 좋은 투자란 결국 패시브한 투자라는 걸 다시 한 번 확인할 수 있습니다. 지금 은퇴한 투자자가 아니라, 2030 젊은 투자자라면 급여 중 일부를 상위 5개 ETF로 꾸준히 매집해 나간다면, 앞으로 좋은 성과를 거둘 수 있을 것입니다.

시가총액 상위 6위~10위

1위부터 5위까지 ETF의 시가총액 순위는 웬만해서는 크게 변하지 않습니다. 하지만 6위부터 10위까지는 수시로 순위가 바뀝니다.

6위는 미국의 대형 가치주에 투자하는 VTV입니다. 운용 보수가 0.04%로 저렴하고 세전 배당률이 2.46%입니다.

7위와 8위는 채권형 ETF인 BND와 AGG입니다. 전세계 주식 시장의 규모는 100조 달러가 넘습니다(이 중 40%를 미국이 차지합니다). 우리나라 돈으로 13경입니다. 그런데 채권시장은 주식시장보다도 더 큽니다. 주식 시장의 100조 달러를 넘어 130조 달러 수준입니다(마찬가지로 이 중 40%를 미국이 차지합니다). 미국 채권은 전 세계의 안전자산이라고 불립니다. 그래서 채권형 ETF들이 미국 ETF 중에 시가총액이 높은 상위 ETF를 차지하는 경우가 매우 많습니다.

미국 ETF 시가총액 7위는 뱅가드그룹의 BND이고 8위는 블랙록의 **AGG**입니다. 역시 두 ETF 모두 채권 ETF 입니다. 운용 보수는 0.03%로 같으며 세전 배당률은 3.4% 내외로 비슷합니다. 단지 BND가 국공채에 80%, 회사채 20% 정도 투자를 하고, AGG가 국공채 90%, 회사채 10%에 투자하는 정도의 차이만 있을 뿐입니다.

9위는 미국 대형 성장주에 투자하는 뱅가드그룹의 **VUG**이고 10위는 미국을 제외한 선진국가인 일본, 캐나다, 영국, 프랑스, 독일에 투자하는 **VEA**입니다(한국 기업에도 일부 투자하고 있다고 합니다).

지금까지 미국 ETF 시가총액 1위부터 10위까지를 소개했습니다. 보시면서 어떤 인사이트를 얻으셨나요? 저는 이 자료를 정리하다 문득 드는 생각이 1위부터 10위까지의 ETF가 모두 액티브가 아니라 패시브한 전략을 가지고 있다는 사실입니다. 레버리지나 커버드콜 같은 어려운 전략을 가진 액티브 ETF가 아니라 운용 보수는 0.1% 이내로 저렴하고 1%에서 3% 정도의 배당률을 가진 패시브 ETF라는 것입니다.

역시 투자란 남들보다 더 나은 성과를 얻겠다고 어려운 전략으로 현혹하는 것보다 시장에 순응하며 패시브하게 시장의 흐름을 그대로 따라가는 것이 마음도 편하고 정석 같은 투자가 아닐까 생각해봅니다. 종목 선정이나 사고파는 트레이딩 실력이 뛰어나고 경험이 많은 투자자가 아니라면, 경험이 적은 투자자일수록 패시브 종목들을 장기간 투자하는 것이 정글 같은 주식 시장에서 살아남을 수 있는 유일한(?) 전략입니다.

16
배당 ETF의 종류와 대표 ETF - 기초편

이제 배당 ETF를 본격적으로 소개해보겠습니다. 앞서 배당주 ETF를 설명하면서 고배당, 중배당, 저배당으로 구분할 수 있다고 말씀드렸습니다. 배당이란 아시다시피 기업이 이익 일부를 주주들에게 지급하는 것입니다. 그런데 ETF의 경우는 한 종목당 최소 수십 개 이상의 주식을 보유하고 있기 때문에 개별 기업에 투자해서 받는 배당금과는 좀 다릅니다. 보유하고 있는 기업의 주식에서 발생하는 배당금도 있지만 채권이나 현금 운용 수익, 기타 수수료 수익 등으로 발생하기도 합니다. ETF는 이 모든 것을 모아서 투자자에게 '분배금'으로 지급합니다. 배당금보다는 분배금이 더 넓고 포괄적인 개념입니다. 통상 ETF가 주식처럼 거래되다 보니 분배금을 두고서도 배당금이라고 부르기도 합니다(우리 책에서도 분배금 대신 배당금이라고 말하겠습니다).

운용 방식에 따른 ETF 분류

배당 ETF 종류

운용 방식에 따른 배당 ETF 분류

운용 방식	세전 배당률	대표 종목	주요 특징	투자 전략
배당성장	2 ~ 4%	DGRO, DGRW SCHD	○ 매년 배당금 증액 ○ CAGR도 꾸준히 성장	▶ 주가와 배당 성장 2마리 토끼 ▶ 10년 이상 장기 보유
우선주	4% ~ 7%	PFF, PFFD, PGX	○ 뛰어난 주가 방어력 ○ 안정적인 고정 배당금	▶ 은퇴시점에 투자하기 좋은 종목 ▶ 노후에 생활비 인출용으로 활용
커버드콜	7% ~ 20%	JEPI, JEPQ, XYLD, QYLD, RYLD, TLTW	○ 높은 배당률 ○ 투자원금 하락 우려	▶ 원금을 지키기 위한 전략 필요 ▶ 10년내 투자 원금 회수

앞서 배당률에 따라 고배당, 중배당, 저배당 ETF로 분류했지만, 운영 방식에 따라서도 배당 ETF를 분류할 수 있습니다.

가장 먼저, 매년 배당금이 증액되는 배당 성장 ETF 입니다. 최강의 배당 성장 ETF라 불리는 **SCHD, DGRO**가 있습니다. SCHD와 DGRO는 분기배당이고, **DGRW**은 월배당입니다. 이 ETF들은 매년 배당금이 늘어나기 때문에 5년이나 10년 후 미래를 대비해 장기투자하기에 적합한 종목들입니다. 특히

SCHD같은 종목은 상장된 후 연평균 9% 이상씩 주가도 상승하면서 지난 10년 동안 매년 배당금이 증액되어 온 상품입니다.

다음은 옵션 매매를 통한 프리미엄 수익으로 높은 배당을 지급하는 커버드콜 ETF입니다. 2022년부터 이어진 미국 연준의 강력한 긴축 정책과 금리 인상으로 역대급 하락장이 이어지면서 폭락장에 주가 방어력도 뛰어나고 고배당까지 약속하는 커버드콜 ETF에 대한 관심이 매우 높아졌습니다. 2022년도 하락장과 2023년 상반기와 같은 횡보장에서는 적당한 방어력과 높은 배당으로 충분히 좋은 선택지였습니다. 하지만 상승장이나 급등장에서는 상대적인 박탈감이 큰 종목입니다(가격이 오른다고 해서 수익을 더 주지 않습니다). 투자자들은 이런 커버드콜의 전략을 충분히 잘 이해하고, 매월 받는 배당금을 성장주나 또 다른 고배당 종목에 재투자하는 등의 운용 전략을 고민해봐야 합니다.

다음은 우선주 ETF입니다. 5% 내외의 좋은 배당률에 주가 안정성까지 확보할 수 있어 안정된 현금 흐름을 중시하는 은퇴자에게 가장 적합한 종목입니다. 주식 종목 회사 이름 뒤에 '우'라고 붙은 것 보신 적이 있을 텐데요, 이러한 종목이 우선주 종목입니다. 우선주 ETF는 우선주에만 투자하는 ETF입니다.

한국과 미국의 우선주 개념은 조금 다릅니다. 한국에서의 우선주는 의사결정권이 없는 대신 보통주보다 1% 정도 더 높은 배당을 받는 종목입니다. 미국의 우선주는 배당률이 고정되어 있습니다. 즉, 실적에 따라 변하는 배당금이 아니라 채권 이자처럼 확정된 고정 배당금을 받을 수 있습니다. 그래서 '채권형 주식' '하이브리드 증권'이라고 부르기도 합니다.

우선주 ETF는 변동성이 적으면서 4~6% 내외의 고배당을 지급하는 것이 가장 큰 특징입니다. 블랙록에서 출시한 **PFF**, 글로벌X의 **PFFD**, 인베스코에서 출시한 **PGX**가 대표 상품입니다.

본문에서 소개해 드린 ETF 외에도 미국에는 정말 다양한 ETF가 있습니다. 미국에 상장된 ETF 숫자만 2,000개가 넘으니 투자자들은 자신의 투자 성향과 기준대로 선택할 수 있습니다. 대표 지수를 추종하는 ETF들 외에도 높은 배당을 지급하는 ETF까지 다양한 ETF 종목들을 비교 분석해보면서 나에게 맞는 ETF를 찾으면 됩니다. "투자자에게 가장 중요한 것은 첫째도 경험, 둘째도 경험이다"라는 앙드레 코스톨라니의 명언처럼 누구의 추천이 아닌 자신의 경험을 통해 종목을 선택하는 것만큼 중요한 것은 없습니다.

17
배당 ETF의 종류와 대표 ETF - 심화편

미국 배당 ETF의 종류에 대해 알아봤는데요. 운용방식에 따라 매년 배당금이 증액되는 배당 성장 ETF, 콜옵션 매도를 통해 프리미엄 수익을 취하는 커버드콜 ETF, 확정된 고정배당금을 받을 수 있는 우선주 ETF까지 설명해 드렸습니다. 이번 글은 앞서 설명했던 배당 ETF의 심화편으로 각각의 ETF에 대해 좀 더 상세한 내용을 다루고자 합니다. 잘 읽어보시고 나에게 맞는 배당 ETF를 잘 찾았으면 합니다.

배당 성장 ETF
이름 그대로 배당이 성장하는 ETF입니다. 다만 여기서 혼용되어 사용되는 개념이 "배당이 성장하는 기업"에 투자하는 ETF도 배당 성장 ETF라 부르고, "매년 배당금이 증액되는 ETF"도 배당 성장 ETF라고 부른다는 사실입니다. 사실 배당 성장 ETF의 정확한 개념은 후자에 더 가깝습니다.

배당 성장 ETF의 대표 종목으로 SCHD와 DGRO가 있다고 말씀드렸네요. 이 두 ETF 모두 상장 이후 계속해서 배당금을 증액시켜 배당을 중시하는 투자자들에게 매우 인기가 높은 상품입니다.

SCHD는 찰스슈왑에서 2011년에 상장한 ETF입니다. 다우지수를 포함한 미국 내 10년 이상 배당을 늘려간 기업을 대상으로 배당수익률, 배당 성장률 등을 고려하여 지속 가능한 배당을 지급하는 기업 100여 개를 선별해 투자합니다. 미국 ETF 시장

배당 성장 ETF

SCHD		DGRO	
운용사	Charles Schwab	운용사	BlacksRock(iShares)
개시일	2011.10.20	개시일	2014.06.10
운용 방식	DJ US DIVIDEND 100	운용 방식	배당 지속 성장
운용 수수료	0.06%	운용 수수료	0.08%
CAGR	9.23%	CAGR	8.25%
배당 주기	분기	배당 주기	분기
세전 배당률	3.5%	세전 배당률	2.4%

*세전 배당률은 24년 05월 기준

전체에서도 자금 유입액 상위 5위 안에 드는 ETF로 배당 ETF 투자자들에게 인기가 높은 종목입니다. 운용 수수료는 0.06%로 매우 낮은 수준이며, 2023년 8월 기준으로 세전 배당률은 3.44%에 달합니다. 배당은 분기별로 3·6·9·12월에 지급합니다.

DGRO는 세계 최대 자산운용사인 블랙록에서 2014년 6월에 상장한 ETF입니다(아이셰어즈는 블랙록의 ETF 브랜드입니다). DGRO는 미국의 투자 리서치 분야 선도 기업인 모닝스타가 선정한 미국 내 배당 성장 기업에 투자합니다. 5년 이상 배당을 늘려간 기업 중에 배당성향이 75% 이하인 430여 개 종목을 선정해서 투자합니다. 운용 수수료는 0.08%로 저렴하며, 2023년 8월 기준 세전 배당률은 2.31%입니다. SCHD와 마찬가지로 분기배당이며 배당월은 3·6·9·12월입니다.

분기배당보다는 드물지만 월배당을 주는 배당 성장 ETF도 있습니다. DGRW입니다. 미국에서 자산규모 10위권 이내인 자산운용사 위즈덤 트리에서 2013년 5월에 출시한 ETF입니다. 월배당이라는 장점이 있지만 운용 수수료가 0.28%로 DGRO의 0.08%와 SCHD의 0.06%보다는 높은 수준입니다. 월배당금을 지급하는 ETF를 모아가면 마치 수익형 부동산에서 월세를 받는 것처럼 안정적인 투자를 지속해 갈 수 있습니다. DGRO와 SCHD의 분기배당을 기다리기 힘든 투자자라면 DGRW가 좋은 대체안이 될 수 있습니다.

SCHD는 2012년 상장된 이후 매년 11.4%씩 배당금을 증액시
켜 오고 있습니다. 2012년도에는 주당 0.81달러를 배당으로 지
급했는데, 2023년도에 2.6580 달러를 배당으로 지급하는 등 매
년 두 자리수 가까운 증가 추세를 10년째 이어오고 있습니다(지
난 10년 동안 배당금이 +316%, 즉 3.16배나 상승했습니다). 2012년 주
가가 28달러였으니 만약 2012년부터 보유했다면 주가가 3배 이
상 상승했으니까 자산은 3배 증가, 배당률도 3배 가깝게 성장할
수 있었을 것입니다. 주가와 배당이 함께 성장하는 ETF에 장기
간 투자하면 얼마나 큰 복리의 효과를 누릴 수 있는지 이 종목
만 봐도 잘 알 수 있습니다.

미국에서는 10년 이상 배당을 증액시켜 온 종목을 두고 '배
당성취자'라는 영광스러운 칭호를 부여하는데요. SCHD는 ETF

에서 '배당성취자'에 해당하는 대표 종목입니다. 만약 SCHD를 꾸준히 적립식으로 모았다면 매년 증액된 배당금을 받을 수 있게 됩니다.

DGRO는 2015년부터 2023년까지 만 8년간 연평균 9.5%로 배당금을 증액시켰습니다. 2015년에는 주당 0.6359달러를 지급했는데, 2023년에는 주당 1.3160달러를 지급해서 지난 8년 동안 배당금이 107%나 상승했습니다.

배당률보다는 투자자가 받는 배당금이 실제 얼마나 증액되는지가 중요합니다. SPY같은 패시브 ETF는 배당률이 낮아 현금 흐름을 늘려가는 데에는 한계가 분명 있습니다. 그래서 투자자들은 높은 배당수익률을 안겨주면서도 주가 수익률도 시장 성장에 따라갈 수 있는 ETF를 찾는데요, 이런 두 마리 토끼를 쫓을 수 있는 ETF가 바로 진짜 배당 성장 ETF입니다.

커버드콜 ETF(대표 종목)

높은 주가 상승을 기대하긴 어렵지만 연 배당률 10%가 넘으면서도 자산 가치도 완만하게 상승하는 종목이 있다면 어떨까요? 바로 높은 배당률을 가진 커버드콜 ETF입니다. 커버드콜의 운용 전략은 앞에서 이미 설명한 바가 있습니다. 이번에는 대표적으로 어떤 커버드콜 ETF들이 있는지 알아보고, 커버드콜 ETF 투자 시 주의해야 할 점을 살펴보도록 하겠습니다.

커버드콜 ETF 대표종목

	ETF명	자산운용사	상장일	추적 지수	운용 수수료	세전 배당률
1	XYLD	GLOBAL X	2013.06.21	S&P500	0.60%	9.5%
2	QYLD	GLOBAL X	2013.12.11	NASDAQ100	0.60%	11.6%
3	RYLD	GLOBAL X	2019.04.18	RUSSELL2000	0.60%	12.1%
4	JEPI	J.P.MORGAN	2020.05.20	S&P500+ELN	0.35%	7.6%
5	JEPQ	J.P.MORGAN	2022.05.03	NASDAQ100+ELN	0.35%	9.0%
6	DIVO	AMPLIFY ETF's	2016.12.13	배당성장+커버드콜	0.55%	4.5%
7	TLTW	iShares	2022.08.18	Cboe TLT 2% OTM BuyWrite	0.35%	19.2%

※ 세전 배당률은 24년 04월 12일 기준

커버드콜 ETF로 대표적인 자산운용사는 미국의 중소 자산 운용사인 글로벌X가 있습니다. 우리나라의 미래에셋자산운용 사에서 인수한 회사입니다. 이곳에서 출시한 커버드콜 3총사는 커버드콜 ETF 중에서도 운용 연한이 가장 오래되었고 10%가 넘는 고배당율을 지급하는 종목입니다. 그래서 미국의 은퇴자 들로부터 꾸준한 사랑을 받아 온 종목입니다.

글로벌X의 맏형 **XYLD**는 2013년 6월에 상장된 종목으로 S&P 500 지수를 기반으로 커버드콜 옵션 전략을 실행하는 ETF입니다. **QYLD**는 XYLD보다 약 6개월 늦게 상장된 종목으 로 나스닥 100 지수를 기반으로 합니다. 마지막으로 막내 **RYLD** 는 2019년 4월에 상장되었고 미국 주식 시장에 상장된 2,000 여 개 중소기업을 대표하는 지수인 러셀 2000 지수를 기반으로 합니다. S&P 500이나 나스닥 100은 우리에게 친숙한데, 러셀 2000 지수는 다소 생소합니다. 러셀 2000 지수는 미국 주식시장에 상장된 시가총액 상위 3,000개 기업 중 하위 2,000개 기업, 즉 중소형 기업을 담고 있습니다. 경기 민감도가 매우 높은 종목이 대부분이라 미국 경기의 바로미터라 불리는 지수입니다.

XYLD, QYLD, RYLD 모두 운용 수수료는 0.6%로 커버드콜 ETF 중에서도 높은 편입니다. 대신 배당률이 11%(세전) 이상으로 높습니다. 3개 중에서는 RYLD의 세전 배당률이 평균적으로 1%p 정도 더 높습니다. 이 3개 ETF는 99% 이상 커버드콜 전략으로 운영되기 때문에 주가가 하락하거나 상승하더라도 세전 배당률은 주가 수준에 맞춰져 꾸준하게 10% 이상의 배당률을 유지합니다. 주가가 상승하면 배당 지급액이 커지지만 반대로 주가가 하락하면 세전 배당금이 감소할 수 있습니다. 따라서 시장이 고점인 시기보다는 시장 침체기나 하락장에서 분할 매수해서 수량을 늘려가기에 좋은 종목입니다.

다음으로 제이피모건 자산운용사에서 출시한 **JEPI**와 **JEPQ**가 있습니다. 특히 JEPI는 2020년 5월에 출시된 후 미국 전체 ETF 순자산규모 순위 50위 안에 진입할 정도로 짧은 기간에 큰 인기를 얻은 ETF입니다. JEPI의 인기가 높은 이유는 출시된 이후 운용 성과도 뛰어나고 배당률도 높았기 때문입니다. JEPI는 S&P 500 지수를 기반으로, JEPQ는 나스닥100 지수를 기반으로 커버드콜 전략을 실행합니다.

S&P 500 지수를 추종하는 XYLD와 JEPI 그리고 나스닥 100 지수를 기반으로 하는 QYLD와 JEPQ, 같은 지수를 추종하는 데도 성과 차이가 나는 이유는 뭘까요? 바로 99% 이상 커버드콜 옵션 전략을 행사하느냐 80% 정도만 커버드콜 옵션 전략을 하느냐의 차이입니다. 80%만 커버드콜 옵션을 하고 있는 JEPI와 JEPQ는 나머지 20%를 갖고서 주식연계어음(ELN)에 투자해서 배당금 등의 추가 수익을 만듭니다. 이 두 ETF는 상장된 지 만 3년과 만 1년밖에 지나지 않았습니다. 이런 신생 ETF들은 운용 역사가 짧은 만큼, 경제위기나 폭락장에 어떤 주가 변화와 배당 흐름을 나타낼지 알 수 없습니다. 과거의 데이터가 없기 때문에 예측이 불가능합니다. 그래서 특히 더 투자에 유의해야 합니다.

DIVO는 미국 앰플리파이 자산운용사에서 2016년 12월에 상장한 ETF입니다. 운용 수수료는 0.55%로 다소 높은 편이며 세전 배당률은 5% 수준으로 다른 커버드콜 ETF에 비해 낮은 편입니다. DIVO는 다른 커버드콜 ETF와는 조금 다른 운용 방식을 가지고 있습니다. DIVO는 일단 배당 성장주들을 선별하여 투자하는 운용 방식과 커버드콜 전략을 동시에 병행합니다. 그렇기에 5% 내외의 좋은 배당률에 꾸준한 성장성을 기대해 볼 수 있는 종목입니다. 만약 세전 배당률 외에 매매 수익까지도 기대하는 투자자에게는 좋은 선택이 될 수 있는 종목입니다.

마지막은 가장 최근에 상장한 ETF이며 연 배당률이 18%가 넘는 초고배당 ETF인 **TLTW**입니다. 세계 최대자산운용사인 블랙록에서 2022년 8월 출시했습니다. 이제 두 살을 맞은 신생 ETF입니다. 운용 수수료는 0.35%로 JEPI와 동일합니다. 미국 20년 이상 장기채권에 투자하는 TLT에 커버드콜 전략을 연계한 상품입니다.

채권 금리가 오랫동안 횡보할 것이란 전망에 매매 차익은 최소화하는 대신 배당 수익을 극대화하는 전략으로 TLTW가 주목받기 시작했습니다. TLTW의 2023년 8월 기준으로 회당 평균 배당 금액은 주당 0.49달러입니다. 이를 현 주가 및 연간으로 환산하면 배당수익률이 무려 18%나 됩니다. 만약 1억 원을 투자하면 세후 배당금이 연간 1,530만 원이며 월로 환산하면 매월 127만 원이라는 배당소득이 만들어지는 숫자입니다.

커버드콜 ETF(주의 사항)

10%가 넘는 높은 배당률에 하락장에는 주가가 방어되면서도 상승장에서는 높진 않지만 일정 수익을 기대해 볼 수 있는 커버드콜 ETF. 과연 이런 높은 배당률 뒤에는 어떤 날카로운 가시가 숨어 있을까요? 지금부터 커버드콜 ETF 투자 시 주의 사항을 설명하겠습니다.

첫 번째, 커버드콜 ETF는 하락장에서는 동반 하락하고, 상승장에서는 성장이 제한적입니다. 자산운용사 홈페이지에 들어가서 설명을 읽어보면, 위기에 안정적이고 하락장 방어력이 뛰어나다고 설명하고 있지만 실제로는 동반 하락하는 경우가 많습니다. 옵션 매도로 얻는 프리미엄 수익이 하락으로 인한 손실을 완전히 상쇄하지 못하기 때문입니다. 그래서 '하방은 뚫려있고 상방은 막혀있다'라고 표현합니다. 하락할 때는 주가 하락을 피할 수 없고, 상승할 때는 콜 옵션의 행사가격으로 인해 추가 상승 이익이 제한됩니다. 따라서 커버드콜 전략을 가진 ETF는 시장 상승기나 폭락기보다는 주가가 지그재그로 횡보하는 시장 안정기에 투자하기 적합한 상품입니다.

두 번째, 상승장에서는 배당금이 감소할 수 있습니다. 2022년과 같은 하락장, 그리고 2023년 1분기와 같은 횡보장에서 커버드콜 ETF는 좋은 방어력과 이익을 거둘 수 있었습니다. 이때는 옵션 프리미엄 수익이 높아지기 때문에 높은 배당이 가능합니다. 하지만 상승장에서는 콜옵션이 자주 행사되기 때문에 옵션 프리미엄 수익이 줄어들어 배당금이 감소할 가능성이 큽니다. 예를 들어, 2022년 하락장에서 높은 배당금을 지급했던 JEPI와 JEPQ가 2023년 2분기 상승장에서는 배당금을 줄였습니다.

커버드콜 ETF도 각 상품에 따라 운용 방식의 차이가 있고 종류도 다양한 만큼 모든 상품이 동일한 패턴을 보이지는 않습니다. 글로벌X의 3대장 XYLD, QYLD, RYLD는 주가와 세전 배당률이 적정 수준으로 연동되도록 설계되어 있어서 주가가 상승할 때 배당금도 동반 성장하기도 합니다. 따라서 투자자는 각 ETF의 운용 방식과 배당 정책을 잘 이해하고 투자 결정을 내려야 합니다.

세 번째, 커버드콜 ETF는 대부분 액티브 펀드입니다. 펀드매니저가 직접 운용하는 방식입니다. 이 경우 펀드매니저의 역량에 따라 성과가 크게 좌우됩니다. 물론 자산운용사의 오랜 경험과 운용 노하우 그리고 수많은 빅데이터를 통해 포트폴리오가 구성되지만 펀드매니저가 시장을 어떻게 바라보고 판단하는지에 따라 운용성과는 크게 달라집니다.

10%가 넘는 고배당률을 지급하는 커버드콜 ETF는 높은 배당률로 현금 흐름에 목마른 투자자에게 매력적입니다. 하지만 세상에 공짜 점심은 없습니다. 투자자들은 커버드콜의 운용 전략과 약점을 충분히 잘 이해하고 투자해야 합니다. 매월 받는 높은 배당금을 성장주나 또 다른 고배당 종목으로 재투자하는 운용 전략을 함께 고민해야 합니다.

우선주 ETF

5% 이상의 좋은 배당률에 주가 안정성까지 확보할 수 있는 그래서 6070 은퇴자들에게 가장 적합한 ETF가 우선주 ETF입니다. 은퇴자들에게는 매월 연금처럼 '따박따박' 들어오는 현금

흐름이 정말 절실합니다. 높은 배당금이 들어오면서도 주가도 안정적이고, 성장을 크게 기대하진 않더라도 원금 손실이 크지만 않다면 더할 나위가 없습니다.

고배당 우선주 ETF

PFF		**PFFD**		**PGX**	
운용사	BlackRock(iShares)	운용사	Global X Funds	운용사	Invesco
상장일	2007.03.26	상장일	2017.09.11	상장일	2008.01.31
추적지수	ICE Ex Listed Preferred&Hybridsec TR	추적지수	ICE BofA Div Core US pref Sec TR	추적지수	ICE BofA Core + Fxd Rate Pref TR
자산규모	138억 달러	자산규모	23억 달러	자산규모	45억 달러
운용보수	0.45%	운용보수	0.23%	운용보수	0.51%
세전 배당률	6.65%	세전 배당률	6.50%	세전 배당률	6.42%
배당주기	월배당	배당주기	월배당	배당주기	월배당

2024년 2월 기준

PFF는 블랙록에서 출시했습니다. 2007년 3월에 상장이 되었고 2024년 2월 기준 배당수익률은 6.65%이며 월배당을 지급합니다. 출시한 지 15년이 넘었고, 거래량도 많아서 대표적인 우선주 ETF로 손꼽힙니다.

PFFD는 글로벌X에서 2017년에 출시했습니다. 운용 보수가 0.23%로 낮은 편입니다. 우선주 ETF들도 수수료로 0.4% 이상을 떼가는데, PFFD의 수수료율은 그 절반 수준입니다. 그래서 장기 투자를 할 때 유리합니다. 현재 출시 이후 배당률을 5% 후

반대부터 6% 중반대를 유지하고 있습니다.

PFF가 2007년에 출시되어 운용 기간도 더 길고 미국 내 500여 개 기업의 우선주에만 투자하는 데 반해, PFFD는 주로는 미국 기업의 우선주에 투자하지만 다른 나라의 우선주 기업에도 일부 투자를 하고 있습니다. PFFD는 출시 기간이 길지 않고, 인지도가 높지 않아 거래량이 적다는 점이 아쉽습니다.

PGX는 인베스코에서 2008년에 출시했습니다. 운용보수가 0.51%로 다소 높은 편이며, 2024년 2월 기준 세전 배당률은 6.42%입니다. PGX는 금융 섹터 종목에 투자 비중이 높고, IT 기술 기업 투자는 거의 없습니다. 보통 기술주는 배당을 높게 하지 않기 때문에 고정 배당 우선주를 거의 발행하지 않습니다. PGX의 보유 종목 TOP10은 대부분 금융주이고, 금융주가 아닌 종목은 미국의 통신기업 AT&T가 유일합니다.

우선주 ETF들의 경우 주가 변화 폭이 크지 않고 5% 이상의 배당률로 배당금을 지급하기 때문에 비교적 안정적인 종목군에 속합니다. 하지만 우선주 ETF들이 상대적으로 안정적이라는 의미이지 은행 예금처럼 투자 원금을 보장한다는 뜻은 아닙니다(주식 종목 중에 절대 안전 자산이란 없습니다). 고정적인 배당 수익을 기대할 수는 있지만 주가 상승을 노리기에는 어렵습니다. 그래서 은퇴한 투자자들이 안정적인 노후자금이나 생활비를 위해 투자하기에 적합한 상품입니다.

18
초고배당률 ETF의 등장

커버드콜 ETF에 대한 논란은 끊임없이 이어져 왔습니다. 커버드콜의 조상님 즉, 원조 격인 **XYLD**, **QYLD**(두 상품 모두 세전 10~12% 배당)가 출시된 지 올해로 만 10년이 되었습니다. 이후 2020년 제이피모건에서 **JEPI**(세전 7~10% 배당)를 출시 큰 인기를 얻은 후, 2022년 블랙록에서는 연 배당률이 18%(세전)에 달하는 **TLTW**라는 채권형 커버드콜을 출시했습니다. 그리고 배당률이 50~100%(세전)까지 되는 초고배당 ETF들도 많아졌습니다. 대표적으로 일드맥스의 **TSLY**, **CONY**, **NVDY**와 디파이언스의 **QQQY**, **JEPY**가 있습니다.

일부 고배당 ETF는 일정한 배당률을 유지하기 위해 자산을 매각하여 배당금을 지급하기도 합니다. 이는 주가가 하락하거나 옵션 프리미엄 수익이 감소할 때 배당을 유지하는 방법으로 사용될 수 있습니다. 자산을 매각하는 경우, ETF의 총 자산이 줄어들게 되어 결과적으로 투자 원금이 줄어드는 효과가 발생합니다. 그래서 "제 살 깎아 먹는 투자다" "조삼모사와 같다" "커버드콜에 투자할 바엔 차라리 QQQ(기술주 투자 ETF)나 TQQQ(나스닥 지수에 3배 추종하는 레버리지 ETF)를 매수해라, 그게 부자가 되는 길이다" 등 논란도 많습니다. 논란의 내용이 아주 틀린 것은 아닙니다. 하지만 무조건 옳다고도 볼 수 없습니다. 시장이 어떻게 될지 모르듯, 투자 세계 역시 정답이 존재할 수 없기 때문입니다.

커버드콜 ETF가 원금이 줄어드는 건 사실입니다. QYLD도 출시된 후 연평균 -4%씩 주가가 하락하고 있고, JEPI는 QYLD보다는 좋은 방어력을 보여주고는 있지만 역시 -1% 내외로 빠지고 있습니다. TLTW, QQQY, TSLY는 출시된 지 채 1년 밖에 안되긴 했지만 역시나 크게 빠졌습니다.

커버드콜 운용 방식도 전통적인 투자 전략 중 하나입니다. 어떤 전략이건 그 전략을 이해하고 실행하는 사람들이 일반 사람들보다 잘 운용하고 뛰어난 실력을 갖추고 있다면 전략은 크게 효과를 발휘합니다. 해당 전략에 대한 리스크를 충분히 이해하고 크고 빠른 인컴을 통해 또 다른 시너지를 만들 수만 있다면 효과적이라 할 수 있습니다. 하지만 내가 그 정도의 경험과 실력을 갖추지 않았다면 높은 배당률에만 현혹되어 '묻지마 투자'를 해서는 안 됩니다.

성공한 투자? 실패한 투자?

QYLD가 출시된 2013년 주가는 약 25달러 정도였습니다. 만 10년이 흐른 2023년 주가는 17.34달러입니다. 만10년 동안 8달러나 빠졌습니다. 그럼 주가가 내렸으니까 실패한 투자일까요? 그런데 QYLD는 과거 10년동안 매년 10% 안팎의 높은 배당을 지급했습니다. 그럼 2013년에 QYLD 1,000주를 25,000달러에 매수한 투자자는 현재 투자원금은 8,000달러로 줄어들어야겠죠? 하지만 10년 동안 받은 배당금이 2만 달러가 넘습니다. 즉, 10년 동안 받은 배당금으로 QYLD 1,000주의 투자 원금을 거의 회수했다고 볼 수 있습니다. 주가만 1/3이 감소한 채로 1,000주를 가지고 있을 뿐입니다. 앞으로 QYLD의 주가가 오를지 내릴지는 모르겠지만 이미 투자원금을 회수한 후 남은 QYLD 1,000주는 월배당금을 줄 것이고 본전을 확보한 투자자는 더는 주가를 신경 쓰지 않을 것입니다. 그러면 이 투자는 성공한 투자에 가깝지 않을까요? 투자자가 장기 투자를 목표로 QYLD 배당금으로 원금 회수를 목표로 했다면 성공한 투자이고, 그게 아니라면 실패한 투자일 것입니다.

초고배당 ETF의 투자금 회수 기간

2022년 연말부터 일드맥스와 디파이언스라는 소형 자산운용사에서 출시한 TSLY, NVDY, JEPY, QQQY 등이 50% 이상의 높은 배당률을 제시하면서 투자 상식을 뒤흔들었습니다. 출시된 지 1, 2년밖에 되지 않아 주가 폭락 가능성도 크고 지금의 높은 배당금이 앞으로도 유지될 수 있을지는 잘 모르겠습니다. 자산운용사의 역사가 짧고 관리하는 자산 규모도 크지 않기 때문에 많은 리스크를 안고 있는 것이 사실입니다.

초고배당 종목들은 상방이 막혀있어서 기초 자산의 상승기에 치고 올라가지를 못하는 태생적 한계가 있고, 배당락이 크기 때문에 매월 배당락일때마다 주가가 내리고 더 올라가지 못하는 모습을 보여줍니다. 그래서 주가가 조금씩 우하향하는 모습

주요 고배당 ETF 투자금 회수기간

고배당 ETF	세전 배당률	연평균 성장률 CAGR	투자원금 회수기간	ETF 출시일	관리자산 규모 (24년 4월 기준)
QYLD XYLD	9~13%	-3.8% -1.1%	100~120개월	2013.11 2013.06	82억 달러 29억 달러
JEPI JEPQ	8~12%	-0.5% +22.4%	120~150개월	2020.05 2022.05	328억 달러 121억 달러
TLTW	18~20%	-15.3%	60~80개월	2022.08	8억 달러
QQQY TSLY	50~80%	- -18.4%	20~40개월	2023.09 2022.11	3억 달러 6억 달러

을 갖고 있습니다. 하지만 매월 주가의 5% 내외를 인컴으로 제공한다면, 2년이나 3년 정도면 원금 회수가 가능합니다.

QYLD나 JEPI 그리고 JEPQ 같이 연배당률 10% 내외로 10년 동안 배당금을 적립한다면, 투자 원금을 회수할 수 있다는 계산이 나옵니다. 10년이란 세월이 지루하다면 20% 배당률을 가진 TLTW로 5년 안에 투자금을 회수할 수도 있습니다. TSLY나 QQQY같은 50%가 넘는 초고배당 ETF에 투자한다면 3년 이내에도 원금 회수가 가능합니다.

물론 이런 식의 계산은 숫자 놀음에 불과하다는 점을 간과해서는 안 됩니다. 배당률로만 계산해서 그렇지 3년 그리고 10년이라는 긴 세월 안에는 어떤 경제 위기와 시련들이 있을지 모릅니다. 그때마다 투자자들은 자신의 인내심을 시험받을 것입니다. 그래서 배당 투자는 본인만의 투자 원칙과 투자 철학을 정립해가는 인고의 세월을 견뎌야 달콤한 열매를 얻을 수 있는 투자입니다.

2024년 12월이 되면 슈퍼 초고배당률 원조격인 TSLY가 출시된 지 만 2년이 됩니다. 과연 초기 투자자들이 원금을 회수하고 무사히 탈출할 수 있을지 궁금합니다.

삼국지 영웅 관우의 청룡언월도는 관우가 휘두르면 한번에 여러 사람의 목을 베는 엄청난 무기입니다. 하지만 저같은 일반

남성에게는 무기가 아니라 두 손으로도 들기가 힘들 정도로 큰 짐일 뿐입니다. 그러면 전쟁터에서 쓸모없는 무기가 됩니다. 커버드콜 운용 전략이 딱 청룡언월도와 같습니다. 전략을 잘 이해하고 실행하는 사람들에게는 엄청난 효과를 발휘하지만 그렇지 않다면 위험하거나 쓸모없는 무기가 될 뿐입니다. 각자의 경험과 실력으로 잘 판단하셨으면 합니다.

19
월배당 ETF 중 시가총액 TOP 10 종목

배당률과 상관없이 월배당 ETF 중 시가총액 기준으로 상위 10개 종목을 소개해 드리겠습니다. 미국 월배당 ETF 중 시가총액 1위부터 10위입니다. 시가총액이 높은 만큼, 월배당 상품으로 가장 신뢰할 수 있는 ETF라고 할 수 있습니다.

월배당 ETF 시가총액 TOP 1~5

1위는 미국의 채권형 ETF인 **BND**입니다. 뱅가드그룹에서 2007년 4월에 출시한 ETF이고 운용보수가 0.03%로 매우 저렴합니다. 보통은 채권형 ETF의 운용 보수가 저렴한 편입니다. 세전 배당률은 3.2%이고 직전 3월 배당금이 0.2달러로 주가의 0.3%

미국 월배당 ETF 시가총액 TOP10

기준 : 2024년 4월

순위	ETF	자산운용사	상장일	운용 자산	운용 보수	세전 배당률	현재 주가	직전월 배당금	주가대비 배당수익률
1	BND	뱅가드그룹	2007.04.03	$106.7	0.03%	3.2%	$72.15	$0.20	0.3%
2	AGG	블랙록(iShares)	2003.09.22	$104.8	0.03%	3.3%	$97.35	$0.29	0.3%
3	BNDX	뱅가드그룹	2013.05.31	$53.6	0.07%	4.5%	$48.88	$0.09	0.2%
4	TLT	블랙록(iShares)	2002.07.22	$49.1	0.15%	3.6%	$92.85	$0.30	0.3%
5	VCIT	뱅가드그룹	2009.11.19	$46.9	0.04%	3.9%	$79.66	$0.27	0.3%
6	MUB	블랙록(iShares)	2007.09.07	$36.9	0.05%	2.7%	$107.02	$0.27	0.3%
7	VCSH	뱅가드그룹	2009.11.19	$35.6	0.04%	3.3%	$76.90	$0.23	0.3%
8	DIA	SSGA(SPDR)	1998.01.13	$34.4	0.16%	1.7%	$394.38	$0.93	0.2%
9	JEPI	제이피모건	2020.05.20	$33.8	0.35%	7.6%	$57.36	$0.30	0.5%
10	LQD	블랙록(iShares)	2002.07.22	$32.6	0.14%	4.1%	$107.47	$0.39	0.4%

정도를 배당으로 지급했습니다. 미국의 3,000개 ETF 중 시가 총액 1위인 SPY는 워낙 유명하니 다들 잘 알겠지만 월배당 ETF 시가총액 1위인 BND는 좀 생소합니다. 미국 국채와 회사채 등 다양한 채권에 투자하며, 채권형 ETF 중 시가총액 1위입니다. 국내 투자자들에게 잘 알려진 TLT(미국 20년 장기채권에 투자하는)보다도 두 배나 더 큰 규모의 ETF입니다.

2위는 블랙록의 **AGG**입니다. 2003년 9월에 출시된 역사와 전통의 ETF입니다. 운용 보수가 0.03%로 BND처럼 저렴합니다. 세전 배당률도 BND와 비슷한 3.3% 수준입니다.

3위는 역시 뱅가드그룹에서 2013년 5월에 출시한 **BNDX**입니다. 역시 채권형 ETF인데, 조금 다른 점은 미국을 제외한 전세계 채권으로 포트폴리오가 짜져 있다는 점입니다. 상위 국가로는 독일, 스페인, 프랑스, 이탈리아 등 유럽 선진국 채권을 보유하고 있습니다. 운용 보수는 0.07%로 약간 높습니다. 그렇지만 세전 배당률이 4.5%로 높은 편입니다.

4위는 미국을 대표하는 20년물 장기채권에 투자하는 **TLT**입니다. 채권형 ETF 중에 가장 인지도가 높습니다. 2002년에 출시되어 역사와 전통도 가지고 있습니다. 다만 운용 보수가 0.15%로 높은 게 조금 아쉬운 부분입니다. 최근에는 고금리로 주가가 크게 폭락해서 시련의 시기를 보내고 있는 ETF입니다.

5위도 채권형 ETF로 **VCIT**입니다. 뱅가드그룹에서 2009년 11월에 출시한 미국 회사채에 투자하는 ETF로 미국 회사채 중에서 5년에서 10년 정도의 만기를 가진 채권에 투자합니다. 운용 보수가 0.04%, 세전 배당률은 3.9% 수준입니다.

채권 ETF의 장점

월배당 ETF의 시가총액 상위에 있는 상품들은 대부분 채권형입니다. 미국 자본 시장은 주식이나 ETF만큼 채권 시장도 매우 큽니다. 사실 우리나라 투자자들에게는 채권 투자가 생소하지만 미국 은퇴자들은 포트폴리오에 채권형 ETF의 비중을 상당히 많이 가져가는 편입니다.

채권형 ETF가 인기가 높은 이유는 주식형 ETF에 비해 변동성이 낮아 안정적이기 때문입니다. 또 주식형 ETF와 함께 갖고

채권형 ETF에 투자하는 이유

1. 안정적인 수익 추구 :
채권 ETF는 주식에 비해 변동성이 낮기 때문에, 안정적 수익을 추구하는 투자자에게 적합

2. 포트폴리오 분산 효과 :
미국 채권 ETF는 주식형 ETF와 함께 포트폴리오에 편입하여 분산 효과를 높일 수 있음

3. 금리 인하기를 대비한 투자 :
금리와 채권은 반비례 하므로, 금리 인하기에 수익 기대

미국 채권 ETF 종류

미국채	회사채	종합채
미국에서 발행하는 국가채권	미국에 있는 기업들이 발행하는 채권	미국채 + 회사채
SHY, IEF, TLT	LQD, CORP	BND, AGG

있으면 일종의 분산 효과도 얻을 수 있습니다. 물론 금리 상승기에는 장기채권 투자가 독이 될 수 있습니다만 항상 금리가 높을 수만은 없어서 다가오는 금리 인하기에는 채권 가격의 상승을 기대해보면 좋겠습니다.

시가총액 상위 10개 종목에 채권형 ETF가 8개나 차지하고

있습니다. 코로나 이후 금리 인하 분위기 때문인지 채권형 ETF
에 쏠리는 투자금은 점점 커지고 있습니다.

시가총액이 크다는 건 역시나 시중의 투자금이 많이 몰린다
는 것이고, 돈이 몰리는 데는 다 이유가 있습니다. 채권형 ETF
들이 유사해 보이지만 각각의 ETF마다 운용 전략과 성과 차이
가 있는 만큼 반드시 개별 ETF별로 충분히 학습한 후, 본인의
포트폴리오에 필요한 종목을 선택하면 좋겠습니다.

월배당 ETF 시가총액 TOP 6~10

6위 MUB도 채권형 ETF입니다. MUB는 미국 지방 또는 공공기
관에 투자합니다. 뉴욕시와 워싱턴, 캘리포니아, 펜실베니아 지
방정부 채권에 투자합니다. 운용 보수는 0.05%이고 세전 배당
률은 2.7%인데 주가 변동성이 크지 않기 때문에 배당률이 좀 낮
은 편입니다.

7위 VCSH도 미국 단기 회사채에 투자합니다. 뱅가드그룹에
서 2009년 11월에 출시했고, 운용 보수는 0.04%, 세전 배당률
3.3%를 기록 중입니다.

8위는 DIA입니다. 이제 채권형 ETF가 아닌 지수형 ETF의 첫
등장이네요. DIA는 다이아몬드라는 애칭으로 불리는 미국 다우
존스 기반의 패시브 ETF입니다. SPY 같은 패시브 ETF들은 분
기 배당이 일반적인데, DIA는 월배당을 지급한다는 점에서 차

이가 있습니다. 다만 운용 보수가 0.16%로 다소 높은 편이고, 세전 배당률이 1.7%라 배당 인컴을 크게 기대하기는 어렵습니다.

9위는 우리가 잘 알고 있는 제이피모건의 **JEPI**입니다. 월배당 ETF 시가총액 1위부터 10위 내에 든 종목들이 모두 블랙록과 뱅가드그룹, SSGA 등 세계 1위부터 3위까지의 대형 자산운용사인데 그 치열한 경쟁 속에 JEPI가 당당히 9위에 등극했습니다. JEPI는 고배당 ETF라고 설명해 드렸습니다. 2020년 5월에 출시되어 만 4년밖에 되지 않았음에도 20년 가까운 대형 ETF들과 어깨를 나란히 하고 있습니다. 월배당 ETF 중 시가총액 9위에 올라있고, 미국 ETF 전체에서도 50위권 내에 입성하는 등 빠른 시간 안에 대형 ETF로 성장해가는 중입니다. JEPI의 성공 때문에 골드만삭스에서 GPIX와 GPIQ를 출시하는 등 고배당 커버드콜 ETF의 바람을 일으킨 상품입니다.

10위는 다시 채권형 ETF입니다. **LQD**는 블랙록에서 2002년 7월에 출시한 역사 깊은 ETF입니다. 회사채 중에서도 우량 회사채에 투자하는 ETF이며 운용 보수가 0.14%, 배당수익률은 4.1%로 높은 편입니다.

시가총액 상위 10개 종목을 보게 되면 채권형 ETF가 8개나 차지하고 있습니다. 코로나 이후 금리 인하 분위기 때문인지 채권형 ETF에 쏠리는 투자금이 점점 커지고 있는 것 같습니다. 시가총액이 크다는 건 역시나 시중의 투자금이 많이 몰린다는 것이고, 돈이 몰리는 데는 다 이유가 있습니다. 채권형 ETF들이 유사해 보이지만 각각의 ETF마다 운용 전략과 성과 차이가 있는 만큼 반드시 개별 ETF별로 충분히 학습한 후, 본인의 포트폴리오에 필요한 종목을 선택하길 바랍니다.

20
연령대별 맞춤형 배당 ETF

돈을 어떻게 모으고 어떻게 굴려야 할지, 재테크는 평생의 고민거리입니다. 분명한 것은 연령에 따라 다른 투자 방식과 전략적 자산 배분은 매우 중요합니다. 이번에는 연령대별 적합한 배당 ETF 투자를 통해 자산과 현금 흐름을 늘려가는 방식에 대해 알아보겠습니다.

연령대별 투자 성향

일반적으로 2030 사회초년생은 투자 경험이 부족한 반면, 향후 투자 가능 기간은 길다는 특징이 있습니다. 아직은 투자 경험이 많지 않기 때문에 특정 업종이나 테마에 투자하는 ETF보다는

연령대별 맞춤형 ETF

연령대	투자 포인트	투자 방향성	맞춤형 ETF 추천
20대	소득 수준 낮음 투자 경험 부족	성장주 중심 매월 적립식으로 꾸준한 투자	SPY, QQQ,
30대	투자 가능 기간 길다	시장 지수를 추종하는 패시브 ETF	SPYG, QQQM
40대	소득 수준 높음 투자 경험 많음	성장형 ETF vs 배당형 ETF 최적의 포트폴리오 구축	SCHD, SPHD, SPYD
50대	투자 가능 기간 짧다	은퇴를 대비한 현금흐름 증가	JEPI, XYLD
60대 이상	소득 수준 낮음 안정성이 중요함	매월 안정적인 배당 현금흐름	PFF, PFFD, PGX

SPY나 QQQ같이 대표 지수를 추종하는 ETF를 추천해 드립니다. 소액이라도 꾸준한 장기 투자라는 목표를 분명히 하는 것이 좋습니다.

4050세대는 재테크에서 가장 중요한 나이대입니다. 중장년층인 만큼 투자 경험도 많고 투자 여력도 큽니다. 경제금융에 대한 감각도 다른 세대에 비해 뛰어납니다. 본인이 잘 알고 있는 업종이나 섹터에 투자하는 ETF도 좋고, 투자 포트폴리오를 다양하게 분산해 리스크를 헷징하는 투자 전략도 필요합니다. 그리고 서서히 고정적인 현금 흐름에 대한 고민도 필요합니다. 통상 2030 세대들이 적극적인 투자성향을 보이고 6070 세대들이 보수적인 투자성향을 보인다면, 4050 세대는 적극성과 보수성을 믹스하는 투자 성향을 갖고 있습니다. 그래서 주가 성장도 어느 정도 기대하면서 배당도 적당히 주는 ETF가 좋습니다.

60대 이상의 노년층은 안정적이면서 현금 흐름이 확보되는 ETF를 선택해야 합니다. 채권에 투자하는 채권형 ETF도 고려해 볼 수 있습니다. 주가 등락 폭이 크지 않으면서 4~5%대의 은행 이자보다는 높은 우선주 ETF를 고려해 볼 수 있습니다.

세대별로 좀 더 자세히 살펴보겠습니다.

연령대별 추천 ETF - 2030

많은 주식 전문가들이나 미국 주식 투자를 먼저 해본 선배 투자자들은 "개별 종목은 선택하기도 어렵고 리스크가 크니까 초보자들은 ETF에 투자하는 것이 가장 바람직하다"라고 말합니다.

미국에만 2,000개가 넘는 ETF가 있고 그 많은 ETF들은 각기 서로 다른 특장점을 가지고 있습니다. 투자자는 자신의 투자 성향과 목적에 맞는 ETF를 선택해야 합니다. 오랜 기간 시장을 관찰하고 투자해 온 현명한 투자자라면 큰 무리 없이 시장 변화에 맞춰 ETF를 바꿔가면서 투자하겠지만, 초보 투자자들은 투자 경험이 많지 않기 때문에 어느 타이밍에 어느 종목으로 갈아타야 하는지 판단하기가 어렵습니다. 이때는 개별종목보다는 시장을 따라가는 대표 지수 추종 ETF에 투자하는 것이 잃지 않는 투자 방법입니다.

앞에서도 말씀드린 것처럼 어떤 기업이나 종목에 대한 가치를 평가하고 분석한다는 것은 굉장히 어려운 일입니다. 아무리 객관적인 숫자를 갖고서 판단한다 하더라도 어떻게 해석하느냐에 따라 주관적이 될 수밖에 없습니다. 다시 한 번 강조하지만, 기업의 미래나 시장의 미래를 예측할 수 있는 사람은 없습니다. 더더군다나 시장의 여러 위기를 직접 경험해보지 않은 2030 세대가 분석을 통해 투자 결정을 한다는 것은 무척 어렵습니다. 그래서 S&P 500이나 나스닥 100 등의 대표 지수 추종 인덱스펀드에 투자하는 것이 낫습니다. 시장의 미래를 전망하기는 어렵지만 조금씩 우상향하는 자본주의의 속성을 믿는 투자입니다.

SPY와 QQQ는 미국을 대표하는 ETF이며 시가총액으로도 가장 큰 종목들입니다. **SPY**는 S&P 500 지수를 추종하고, **QQQ**는 나스닥 100을 추종합니다. SPY와 QQQ에 적립식 투자를 하는 것이 가장 최고의 전략일 수도 있지만, SPY와 QQQ는 주당 가격이 40만 원이 넘기 때문에 소량을 적립식으로 투자하기에는 부담스러운 가격입니다. 이런 경우라면 SPY와 QQQ와 같은 움직임을 가지면서도 한 주에 10만 원에서 20만 원에 살 수 있는 ETF가 좋은 대체제가 될 수 있습니다. (최근에는 1주가 아니라 0.1주처럼 소수점 단위로도 거래를 많이 하는 만큼 이를 이용한다면 부담을 줄일 수 있습니다.)

SPY 대신 추천할 수 있는 것이 **SPYG**입니다. SPY와 같은 운용사이고 2000년 9월에 출시되었습니다. 운용 수수료율은

0.04%로 매우 낮은 운용 보수로 설계되어 있습니다. SPY 운용 수수료율이 0.09%니까 SPY의 절반 수준도 안됩니다. 세전 배당률도 1% 가까이 됩니다. SPY는 S&P 500 지수 내 시가총액 순으로 투자 구성비가 정해져 있기 때문에 산업 섹터별로 고르게 분산되어 있는 반면, SPYG는 S&P 500 지수내 매출 증가율과 수익 변화율 그리고 사업 성장성 등을 분석해서 300개 이내 종목에서 선택 투자합니다. 미래 성장성이 주요 투자 포인트라 기술주 섹터 구성비가 높은 편입니다. 정리하면 SPYG는 SPY와 QQQ를 절묘하게 결합시켜 놓은 ETF입니다. 저는 이 ETF를 2030에게 추천합니다.

QQQM은 QQQ를 출시한 자산운용사인 인베스코에서 출시한 ETF로 QQQ의 한 주당 가격이 높기 때문에 그 절반 가격 아래로 설정해서 투자자를 더 모으려고 출시한 상품입니다. 주가는 QQQ의 절반이며 운용 수수료도 QQQ(0.2%)보다 저렴한 0.15%입니다. 그럼에도 운용 방식이나 전략 등은 QQQ와 유사합니다. QQQ의 미니 버전 ETF라고 할 수 있습니다. 실제로 미국에서는 리틀 QQQ 또는 QQQMini라는 애칭으로 불립니다.

QQQM은 QQQ의 절반 이하 가격으로 살 수 있기 때문에 사회 초년생 또는 자녀의 미래를 위해 소액으로 매월 적립식 투자가 가능하다는 장점이 있습니다. 다만 한 가지 아쉬운 점은 QQQ와 주가 흐름은 거의 유사하지만, QQQ에 비해 거래량이 적기 때문에 폭락장이 펼쳐질 때 거래 체결 기회를 잡기 어려울 수 있습니다.

연령대별 추천 ETF - 4050

4050 세대가 되면 투자 경험도 축적되고 은퇴에 대한 고민도 시작되는 나이입니다. 이 시기부터는 매월 들어오는 현금 흐름의 증가를 고민하는 시점입니다. 자산 대비 부채 비율도 줄여야 하고 높은 수익률보다는 안정적인 종목들로 포트폴리오 전환을 해야 하는 시기입니다. 그래서 4050 세대에 필요한 ETF는 주가 방어도 안정적이면서 3% 이상의 배당으로 현금 흐름을 늘릴 수 있는 종목이어야 합니다.

JEPI는 제이피모건에서 2020년에 출시한 신생 ETF입니다. 10% 내외의 고배당률에 주가 방어력도 뛰어난 편이라 상장된 이후 인기가 무섭게 치솟고 있는 핫한 ETF입니다. 이미 앞에서 여러 번 설명해 드린 바 있습니다.

SCHD는 JEPI와 더불어 배당 투자자들이 가장 선호하는 ETF 중 하나입니다. 배당률은 3% 내외지만 매년 배당금이 증액되는 배당귀족 ETF입니다. 상장된 이후 2022년까지 10년 동안 매년 배당을 증액시켜서 투자자들에게 좋은 성과를 안겨준 종목입니다. 감히 배당 ETF 중 최고라 할 수 있습니다. 분기배당 종목이며 단기 투자보다는 장기 투자에 어울리며 40대부터 미리 적립해 나간다면, 50대 이후 은퇴 시점에는 배당금이 증액되어 꽤 높은 배당수익률을 얻을 수 있습니다.

SPHD는 S&P 500 내 고배당 기업 중에서도 변동성이 적은 종목 50개를 추려서 투자합니다. 주가 방어력이 뛰어난 월배당 종목입니다. 안정적인 성향의 투자자라면 SPYD와 함께 비교해 보면서 투자 검토를 해보면 좋을 것 같습니다.

SPYD는 S&P 500내 예상 배당수익률을 기준으로 상위 80개 종목을 추려서 투자하는 ETF입니다. 2015년 10월에 상장되었고 운용 보수는 0.07%로 저렴한 편입니다. 세전 배당률도 3% 중후반 대입니다. SPYD는 SPHD와 운용 성과나 배당률 등에서 많이 비교되는데 월배당이 아닌 분기배당이며, 세전 배당률은 약간 더 높습니다.

SPHD, SPYD 두 개 종목을 동시에 중복으로 투자하기보다는 투자 섹터 분석 등을 통해 본인에게 적합한 1개 종목을 선택하는 것이 좋습니다.

연령대별 추천 ETF - 6070

6070 은퇴자들에게는 매월 연금처럼 '따박따박' 들어오는 현금 흐름이 절실합니다. 높은 이율의 배당금이 매달 들어오면서도 주가까지 안정적이라면 정말 좋겠죠. 성장을 기대하진 않더라도 원금 손실이 나지만 않는다면 더할 나위 없겠고요. 이때는

시장 방어력이 강한 종목으로 위기를 견뎌낼 수 있고, 다시 시장의 안정기가 찾아오면 주가가 정상으로 돌아갈 수 있는 회복 탄력성을 가진 종목을 선정하는 것이 좋습니다.

대표 상품으로는 **PFF, PFFD, PGX**가 있습니다. 앞서 배당 ETF 심화편에서 우선주 ETF로 설명한 적이 있어서 자세한 설명은 생략하겠습니다. 혹시 내용이 기억 안 나시는 분들은 앞으로 다시 돌아가서 한 번 더 체크하기 바랍니다.

배당 투자와 추천 상품 그리고 배당 투자에 임하는 자세 등에 대해 설명해 드렸습니다. 인생을 살아감에 중요한 것은 재능이 아닌 꾸준함과 긍정적인 마음가짐입니다. 하루 한 걸음씩 더 나아가자는 마음가짐으로 내가 목표한 것을 바라보며 애쓰다 보면, 우리도 행복한 삶을 살 수 있지 않을까요? 꾸준함이 투자에 있어 가장 강력한 무기이자 전략입니다. 명확한 투자관과 마인드로 일관성 있게 인내하며 적립식으로 꾸준히 장기투자를 실천한다면 누구나 경제적 자유를 얻을 수 있습니다.

21
황금별의 배당 ETF 투자 습관

지금부터는 제가 2020년부터 은퇴 준비를 위해 미국 주식 배당 투자로 현금흐름을 만들어 온 과정(습관)에 대해 이야기해보겠습니다.

습관1. 안정적인 종목으로 투자하며 경험 쌓기

처음 시작할 때는 주가도 안정적이면서 오랫동안 주주와의 신뢰를 지켜 온 전통가치기업에 투자해서 배당을 받아보는 경험을 쌓는 것이 좋습니다. 배당킹 그룹에 속하는 기업은 심리적으로 편안함을 유지하면서 자산까지도 늘려볼 수 있는 최고의 종목입니다.

제가 처음 투자한 종목 역시도 미국의 통신기업 AT&T와 배당킹 그룹 내의 코카콜라, 존슨앤존슨, 맥도널드 같은 전통 우량기업이었습니다. 아시다시피 코카콜라와 맥도널드는 전 세계인 누구나 알고 있는 기업입니다. 우리가 코카콜라에 투자하는 이유는 안정적인 배당금을 꾸준히 받기 위함이기도 하지만, 언제 어디서든 코카콜라를 구할 수 있고 마실 수 있는 편안함과 익숙함이 전해주는 신뢰 때문입니다. "익숙한 것에 투자하라!"는 주식 명언을 들어보신 적이 있을 텐데, 우리가 평소 자주 사용하고 소비하는 상품이라면 충분히 투자할만한 가치가 있다고 판단할 수 있습니다. 코카콜라나 맥도널드, 스타벅스 같은 브랜드에 투자한다면 변동성이 심한 주식 시장에서도 안전하게 우리의 자산을 지켜가는 방법이 됩니다.

습관2. 재투자할 종목과 구체적인 적립 목표 정하기

2020년 미국 주식 배당 투자 첫해에 소액으로 배당금을 받고 재투자를 경험하면서, 2021년 본격적으로 3억 원을 투자했습니다(재원 마련에 대해서는 투자 히스토리에서 설명했습니다). 3억 원을 갖고서 월배당이면서도 연배당률이 10%가 넘는 고배당 ETF인 QYLD에 재투했습니다. 그리고 2년이라는 적립기간과 1,000주라는 구체적이고 명확한 목표를 세웠습니다.

현금흐름이 목마른 투자자들에게 매월 받는 배당금은 정말 소중한 패시브 인컴입니다. 이렇게 배당금으로 QYLD를 적립해 나가면, 매월 늘어가는 수량만큼 들어오는 배당금도 함께 증가합니다.

1,000주 적립에 성공한 지금은 연간 배당금이 세후 1,800달러(환율 1,370원 적용 시 약 250만 원)로 매월 20만 원 수준이 됩니다. 저는 이를 다시 고배당 ETF 종목(PGX)에 재투자하면서 월 20만 원이 넘는 현금흐름을 만들었습니다. 만약 이 배당금을 당장 생활비로 사용하지 않고, 또 적립식으로 투자해간다면 충분히 복리 효과를 발휘할 것입니다.

습관3. 매월 받는 배당금을 다양한 ETF에 재투자 하기

매월 받는 배당금을 패시브 ETF와 고배당 ETF로 재투자한 결과, 적립하는 종목의 수량은 매월 늘고 있습니다. 2022년 11월에는 27주에 불과했는데, 2024년 6월에는 437주까지 적립되었습니다. 여기에 QYLD 1,000주를 포함하면 배당금으로 적립한 ETF의 수량은 총 1,437주나 됩니다. 해당 계좌의 성과는 시장이나 주가의 변화에 따라 달라지겠지만, 꾸준히 재투자하고 있어 보유 수량은 계속해서 증가하는 우상향을 향해 달리고 있습니다. 지금까지 배당금을 재투자한 종목은 6개이고, 그 중 XYLD만 지난(2023년) 3월에 종료를 했습니다(포트폴리오상 중복되는 종목이 있어서).

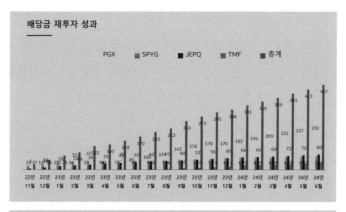

배당금 재투자 성과

PGX ■ SPYG ■ JEPQ ■ TMF ■ 총계

배당금 재투자 성과 총정리

ETF	투자 개월수	재투자 종목	투자원금	평가자산	수익률
QYLD 1000주	19개월	PGX 250주	2,368만 원	3,030만 원	+28%
JEPI+SCHD 600주	24개월	SPYG 72주	4,986만 원	6,350만 원	+27%
JEPI 500주	20개월	JEPQ 80주	3,676만 원	4,450만 원	+21%
~~XYLD 300주~~	~~17개월~~	~~XYLD 39주~~	~~1,658만 원~~	~~1,805만 원~~	+9%
TLTW 500주	12개월	TMF 35주	2,109만 원	1,950만 원	-8%
TLTW 2000주	6개월	외화RP	7,685만 원	7,500만 원	-2%
TOTAL SUM			**2억 2,482만 원**	**2억 5,085만 원**	**+12%**

위의 표에서 보시는 것처럼 JEPI 300주, SCHD 300주로 받은 배당금으로 만 2년 동안 SPYG 72주를 적립했습니다. 그리고 JEPI 500주의 배당금으로는 JEPQ 80주를 적립했습니다. 수익률(시세차익 수익 + 배당금 수익)은 각각 27%, 21%입니다. 여기까

지는 모두 수익률이 플러스이고 좋은 성과를 기록했던 재투자였지만, TLTW 500주의 배당금으로 11개월 동안 TMF 35주를 적립한 것은 수익률이 -8%, TLTW 2,000주 배당금으로 5개월 동안 외화 RP에 투자한 것은 -2% 손실을 봤습니다.

모든 투자가 성공할 수는 없다는 보여주는 사례라 할 수 있습니다. 그럼에도 배당금을 갖고서 진행하는 적립식 투자는 마음이 편안한 투자 방식입니다. 미국 국채가 부도만 나지 않는다면 즉, 미국이 망하지만 않는다면 언젠가는 손실이 복구되고 투자원금이 회수될 것으로 생각합니다. 물론 그 시기는 1년 안이 될 수도 있고, 3년이나 5년의 세월이 걸릴 수도 있습니다.

습관4. 투자금의 15~20%는 현금으로 보유하며 시장 위기에 대응

지금까지 누적되어 미국 주식에 투자하고 있는 금액은 약 40만 달러로 현재 환율 기준으로 약 5억 5천만 원입니다. 그리고 월평균 400만 원에서 450만 원 정도의 배당금을 받고 있습니다. 투자 수익은 지난 43개월(2022년 1월부터 2024년 7월까지) 동안 받은 배당금으로 1억 5천만 원 정도인데, 물론 5억 원의 투자 원금에 대한 환율 평균이 1,200원 미만이라 지금 같은 고환율 시기에 환차익으로 더 큰 이익을 본 셈입니다.

저는 투자 자산의 15%에서 20%는 항상 현금으로 확보해두려고 노력합니다. 언제 닥칠지 모르는 경제 위기와 시장 폭락에

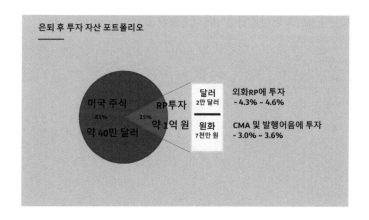

은퇴 후 투자 자산 포트폴리오

미국 주식 85%
약 40만 달러

RP투자 15%
약 1억 원

달러 2만 달러 → 외화RP에 투자 - 4.3% ~ 4.6%

원화 7천만 원 → CMA 및 발행어음에 투자 - 3.0% ~ 3.6%

대응하기 위해서입니다. 달러와 원화는 5:5와 4:6 정도의 비중을 유지하고 있었는데 얼마 전 환율이 1,380원 일 때 보유하고 있던 달러를 원화로 환전했습니다. 현재 현금으로 보유하고 있는 달러는 2만 달러로 3천만 원이 조금 안 됩니다. 원화는 7천만 원으로 달러 30%, 원화 70%의 비중으로 예비비를 운영중입니다.

예비비는 모두 외화 RP에 투자하고 있습니다. 달러는 외화 RP에 투자를 해서 4.3%에서 4.6%의 이자를 받고 있고, 원화는 CMA통장과 발행 어음에 투자해서 3%에서 3.6%의 이자를 받고 있습니다. 이렇게 해두면, 내가 잠을 자고 있는 시간에도 돈이 나를 위해 일하게 됩니다.

습관5. 개인과 법인을 활용하며 각종 세금 헷징하기

5억 원의 투자금은 개인과 법인으로 총 3명으로 분산해서 투자하고 있습니다. 그리고 4개의 증권사에 총 10개의 계좌로 나뉘어 용도별로 운용됩니다. 배당금이 크기 때문에 "종합소득세 부분은 어떻게 해결하나요?" 질문을 주변에서 많이 합니다. 분산투자하되, 1인당 2천만 원 한도 내에서 나눠서 받고 있습니다. 나머지는 법인(1인)을 통해 투자하면서 법인 배당금으로 급여도 받고, 차량도 법인으로 렌트해서 쓰고 있습니다. 제 유튜브 소득과 백화점 문화센터 등으로 출강해서 받는 강의료도 법인을 통해 처리하고 있습니다. (1인 법인을 세우게 된 계기는 투자 히스토리에서 잠깐 언급했습니다.)

좀 더 자세히 계좌별로 말씀드리면, 제 개인 계좌의 투자금

개인별 투자금 및 월배당금 내역

구분	증권계좌	투자금	세후 배당금	세후 배당률
개인 A	5개	2억 원	$ 800	5.2%
가족 B	3개	2억 원	$ 1,000	6.8%
법인 C	2개	1.5억 원	$ 1,200	11.0%
SUM	10개	5.5억 원	$ 3,000	7.5%

은 2억 원이며 월평균 세후 800달러 정도의 배당금을 받고 있습니다. 특히 이 계좌로 들어오는 배당금 대부분은 다른 배당 ETF 종목으로 재투자하고 있습니다. 앞으로 생활비 부족 등의 특별한 이유가 아니라면, 제 명의의 계좌는 지속적으로 배당 재투자용으로 사용할 계획입니다. 다른 가족 명의의 계좌 역시 투자금은 2억 원으로 월평균 세후 1,000달러 정도의 배당금을 받고 있습니다. 이 배당금을 환전한 다음 기본생활비로 사용하고 있습니다. 종합소득세를 고려해서 인당 2천만 원 이내의 배당금 수령을 목표로 운용해갈 계획입니다. 마지막 3번 째 법인 계좌 투자금은 1.5억 원이며 세후 1,200달러로 투자금 대비 가장 높은 배당금을 받고 있습니다. 법인은 개인보다 양도세 등 절세에 유리한 점이 있어 이 계좌로 적극적인 트레이딩을 하면서 현금 흐름을 늘려가려고 합니다.

습관6. 투자 포트폴리오를 다양하게 하기

현재 투자 비중으로는 ETF에 92%, 개별 주에 8%로 구성되어 있습니다. 금리 인하를 기대하며 투자했던 채권형 ETF 비중이 40%로 가장 높고, JEPI와 JEPQ 형제를 비롯한 커버드콜 ETF 비중이 38%, 배당성장형 ETF인 SCHD 7% 구성비입니다. 이중 TLTW가 채권형 커버드콜 ETF니 이를 커버드콜로 분류하게 되면 커버드콜의 비중은 60%나 됩니다.

미국 주식 ETF 투자 포트폴리오

1. ETF 투자 비중 : 92%

채권	커버드콜	배당성장	고배당률	패시브	우선주
TLT, TMF, TLTW	JEPI, JEPQ, QYLD, RYLD, SPYI	SCHD	TSLY, CONY, QQQY	VTI, SPYG	PGX
40%	38%	7%	3%	3%	0.7%

2. 개별주 투자 비중 : 8%

배당킹 (코카콜라,알트리아)	성장주
7%	1%

왜 커버드콜 ETF 비중이 높으냐고 질문한다면, 제가 JEPI나 QYLD 또는 TLTW ETF에서 받는 배당금의 상당 부분을 재투자에 썼기 때문입니다. 퇴직할 무렵, 부족한 생활비가 염려되어 연배당률이 10% 이상인 종목들로 포트폴리오를 짜두었습니다. 물론 지금은 강의나 유튜브 등 추가적인 수입이 발생해서 배당금을 모두 재투자(외화 RP 매수 + ETF 재투자)하며 달러 확보와 현금 흐름 확보를 동시에 하고 있습니다.

패시브 ETF로는 투자 초창기에 사뒀던 VTI와 월배당금으로 꾸준히 모아가는 SPYG가 있습니다. 그리고 QYLD 1,000주에서 나오는 배당금으로 적립해가는 우선주 ETF PGX도 있습니다.

TSLY나 QQQY CONY 등 초고배당 ETF 비중도 3%나 됩니다. 투자 위험이 크다 보니 3% 정도로만 투자해 조금씩 경험을 해보고 있습니다. 2022년부터 등장하기 시작한 초고배당률 ETF를 트렌드라 생각하고 직접 경험해보고자 합니다.

개별주는 코카콜라와 8~9%의 높은 배당률을 가진 알트리아 (미국의 담배회사)에 투자하고 있습니다. 미래 산업을 혁신적으로 바꿀 것으로 기대를 받는 성장주에 대한 비중은 1%에 불과합니다.

습관7. 월 100만 원의 시스템 소득 구축하기

평생연금 ETF로 매월 100만 원 시스템소득 구축하기

ETF	적립수량	주당 배당금	세전 배당금	세후 배당금
QYLD	1,000주	$0.17	$170	$145
RYLD	1,000주	$0.17	$170	$145
PGX	1,000주	$0.06	$60	$51
SPYI	500주	$0.50	$250	$212
JEPQ	500주	$0.40	$200	$170
SUM	4,000주		$850	$722

"평생연금ETF"란 제가 만든 개념인데, 기존에 투자한 배당주 ETF 등에서 받는 배당으로 재투자를 통해서 새롭게 추가한 종목만으로 다시 월 100만 원을 받는 시스템을 만드는 것을 말합

니다.

QYLD, RYLD, PGX, SPYI, JEPQ를 각각 1,000주씩 모으게 되면 매월 세후 722달러, 100만 원이라는 시스템 소득을 만들 수 있습니다. 저는 아직 SPYI, JEPQ는 500주씩 부족한 상태입니다. 계획대로만 된다면 55세가 되기 전에 저만의 배당 시스템 소득을 구축할 수 있습니다.

습관8. 배당금이 투자원금의 30%가 될 때까지 재투자하기

대가들로부터 배우는 투자 전략에서 투자의 대가들이 한결같이 한 말이 바로 "절대 시장을 떠나지 마라!"는 조언이었습니다. 하지만 하루에 시장이 -10% 이상 빠지는 폭락장에서 멘탈을 부여잡고 견디기란 정말 쉽지 않습니다. 그럼 시장을 떠나지 않으려면 어떻게 해야 할까요?

자신만의 투자철학으로 일관성 있게 투자하고, 가격이 하락할 때 공포를 이겨내며, 가격이 상승할 때 너무 열광하거나 욕심부리지 않는 참을성이 있어야 합니다. 그리고 시장의 변덕스러움에도 굳건하게 자신만의 목표를 향해 뚜벅뚜벅 걸어갈 수 있는 배짱도 필요합니다. 이러한 폭락장을 견디기 위한 저만의 최후의 투자 습관은 바로 "배당금으로 투자원금의 30%까지 적립할 때까지 우직하게 재투자를 하는 것!"입니다.

"왜 투자원금의 30%까지 적립할 때까지 배당금을 꾸준히 적립하고 재투자해야 하나요?"라고 묻는다면, 얼마 전 코로나 팬데믹 폭락장에서 불과 한달 여 만에 미국을 대표하는 S&P 500 등 각종 지수들이 30% 이상 폭락하는 것을 경험했기 때문입니다. 이때 개별 성장주에 투자한 분들은 한 달여 만에 투자금이 1/10이 되는 공포장을 경험하기도 했습니다.

만약 5년이나 10년이라는 오랜 기간동안 받는 배당금을 모두 적립하거나 재투자를 해서 배당금으로 투자원금의 일정비율 이상을 쌓아 둔 투자자라면, 이런 거대한 폭락장이 닥치더라도 배당금으로 쌓아둔 적립액까지 더한 투자 원금을 잘 보존하며 위기를 견딜 수 있는 건강한 계좌를 만들 수 있습니다. 폭락장이지만 배당금은 매월 들어올 것이고, 들어온 배당금으로 주가가 폭락한 종목을 싼 가격에 더 많이 사들인다면 다시 올라갈 상승장에 큰 도움이 됩니다.

존경받는 현명한 투자자들은 한결같이 투자에서 다양한 경험과 인내심을 강조했습니다. 평생을 투자자로 살아가겠다고 마음먹는다면, 수십 번의 급락과 급등을 경험하게 될 것입니다. 하락장은 분명 힘들고 고통스럽습니다. 그래서 투자에서 얻은 돈은 고통의 대가로 받은 돈, 즉 고통자금입니다. 인내심을 가지고 어려운 시기를 잘 견뎌낸다면 그 고통의 대가로 보상받을 시기가 분명히 올 것입니다.

투자자마다 상황은 다르겠지만, 최소 투자원금의 30%까지 적립될 때까지는 한눈팔지 않고 우직하게 목표를 향해 전진해 가시길 당부드립니다.

　이상으로 황금별의 8가지 투자 습관에 대해 공유 드렸습니다. 사실 특별한 건 없습니다. 저는 경제학을 전공하지도 않았고, 증권이나 금융과는 전혀 관련없는 일을 했던 평범한 일반 투자자입니다. 관련 지식과 경험이 풍부하지 않기 때문에 겸손한 자세로 안전한 배당주 및 좋은 ETF에 적립식으로 투자하고 있습니다. 어찌 보면 가장 원칙에 가까운 투자라 할 수 있습니다.

　좋은 투자는 굉장히 지루합니다. 단기간의 성과에 일희일비하지 마시고, 좋은 종목을 고를 수 있는 안목을 키우고, 꾸준하게 적립식으로 투자하며, 오랜 기간 시장에 머무르는 성공한 투자자가 되시길 바랍니다.

4부.
경제적 자유를 이룬
파이어족 되기

22
파이어족이 되는 데 필요한 돈

저는 종종 문화센터나 유튜브 채널 등으로 오프라인 강의를 나갑니다. 그곳에서 오신 분들을 향해 "꿈이 무엇인가요?"라는 질문을 할 때가 있습니다. 그러면 들려오는 답변 대부분이 "부자가 되고 싶어요" "건물주가 되고 싶어요" "파이어족이 되고 싶어요"입니다.

　부자가 되고, 건물주가 되고, 파이어족이 되는 것은 중요합니다. 하지만 이는 자본주의 사회에서 한 번쯤 생각해볼 수 있는 목표이지 꿈은 아니라고 생각합니다. '꿈'이라는 건 내가 진정 '하고 싶은 것'입니다. 부자, 건물주, 파이어족은 모두 내가 되고 싶은 목표이지 꿈은 아닙니다. 목표는 명사이고 꿈은 동사입니다. 파이어족이 되고 싶은 목표가 있다면, 이후 무엇을 하고 싶은지가 진짜 우리가 생각해야 할 꿈입니다.

저는 '사이드 파이어족'이라는 목표를 달성해서 사랑하는 가족과 함께 공원을 산책하면서 행복한 시간을 보내고, 마음에 맞는 친구들과 해외여행을 다니고, 다양한 경험을 쌓고 투자와 인생에 대한 글을 쓰면서 콘텐츠를 만들어가는 것이 제 꿈입니다. 그래서 제 꿈은 명사가 아니라 동사입니다.

파이어족이란

가늘고 길게 평생 일하며 사는 걸 최고의 행운이라 생각하는 건 과거 세대입니다. 요즘 2030들은 어떻게 하면 빨리 은퇴할수 있는지를 고민합니다. 한마디로 '파이어족'을 꿈꿉니다. 파이어(FIRE)란 경제적 자유와 조기 퇴직(Financial Independence, Retire Early)의 첫 글자를 따서 만든 말입니다. 1990년대 미국에서 처음 등장했다가 2008년 글로벌 금융위기 이후 젊은 고학력 고소득 계층을 중심으로 파이어족 문화가 확산했습니다. 최근에는 밀레니얼 세대를 중심으로 우리나라뿐만 아니라 전 세계적으로 유행하고 있는 단어입니다.

파이어족에 열광하는 이들은 이전 세대보다 교육 수준은 훨씬 높지만 취업난과 일자리 질의 저하 등을 경험하고 있습니다. 결과적으로 평균 소득이 낮아지는 아픔도 겪습니다. 이 때문에

30대 말이나 40대 초까지 은퇴한다는 목표를 세우고 20대부터 수입의 70~80% 이상을 저축하는 등 극단적 절약을 실천합니다. 부업과 이직을 적절히 활용하면서 최대한 소득을 늘리고, 투자로 목표한 자산을 만들어가는 것을 중요한 가치로 삼고 있습니다. 사회보장 제도의 붕괴 속에 은퇴 후 안정된 삶에 대한 열망이 투영된 현상입니다.

트리니티연구소의 '4%의 법칙'

미국은 세계 최대의 자본주의 국가이고 자본주의가 일찍부터 크게 발달한 만큼, 은퇴에 대한 관심과 연구 또한 많이 이뤄졌습니다. 이중 주목할 만한 연구가 바로 '4%의 법칙'입니다.

1998년 미국 트리니티대학 경제학과 교수 3명이 연구논문을 발표했는데, 은퇴자금이나 투자금을 주식 100% 혹은 주식 75%에 채권 25% 이렇게 넣어두고 매년 4%만 인출했더니 30년 동안 은퇴 자금이 고갈되지 않을 확률이 98% 이상이었다고 합니다. 해마다 있을 수밖에 없는 물가 상승률이 반영되었음에도 돈이 사라지거나 부족하지 않았다고 합니다.

파이어족이 되기 위한 은퇴 가능 목표액은 자신의 평소 생활비와 투자 수익률 등을 고려해야 합니다. 당연히 사람마다 다를 수밖에 없습니다. 그럼 각자 라이프스타일을 고려한 생활비 기준으로 얼마를 모아야 파이어족으로 은퇴가 가능할까요? 트리

4% 법칙 _ 자산의 4%(생활비)로만 살 수 있으면 누구나 은퇴가 가능하다	
생활비 - 월/년	**은퇴 가능 목표액**
월 100만 원 / 년 1,200만 원	3억 원
200만 원 / 년 2,400만 원	6억 원
500만 원 / 6천만 원	15억 원
1천만 원 / 1억 2천만 원	30억 원

니티의 4% 법칙으로 계산하게 되면(30년 동안 매년 4%씩 찾아 쓴다고 가정할 때) 연간 필요한 경비의 25배를 모아야 합니다. 이를 근거로 매년 필요한 생활비를 4만 달러(약 4,500만 원) 정도로 잡으면 약 100만 달러(약 11억 원)가 은퇴를 위한 목표 금액이 됩니다. 만약 최소한의 소비로 월 100만 원으로도 생활이 가능하다면 연간 1,200만 원의 25배인 3억 원만 있으면 가능하다는 계산이 나옵니다. 마찬가지로 월 생활비가 200만 원이 소요된다고 하면 6억 원을 모으면 파이어족으로 살아갈 수 있다는 계산이 나옵니다(월 생활비가 500만 원이라면 15억 원)(물론 4% 수익이 나는 현명한 투자라는 전제 아래에서).

혼자 사는 싱글이라면 자기 소유의 집이 있는지와 라이프 스타일에 따라 다르긴 하겠지만 그걸 제한다면 대략 200만 원이면 한 달 생활이 가능합니다. 아이가 있는 3~4인 가정이라면 4~5백만 원 혹은 그 이상의 생활비가 필요합니다. 그러면 10억 원이 넘는 투자금을 모아야 가능하다는 계산이 나옵니다.

목표 금액을 정하고 투자금이 마련되었다면, 그다음은 매년 4% 이상 현금으로 '따박따박' 수익이 나오는 투자처를 찾는 것입니다. 대표적으로 월세가 나오는 부동산이나 주식, 채권 투자를 생각해볼 수 있습니다. 하지만 문제는 이런 식으로만 계산해도 정말로 직장 생활을 하지 않고도 안정적으로 수익을 내며 살 수 있을까, 하는 의문이 드는 게 사실이다.

트리니티 연구가 그 근거가 되겠지만, 어디까지나 과거 자료에 기초하고 있습니다. 미래의 주식 시장은 알 수가 없습니다. 과거보다 더 좋을 수도 더 나쁠 수도 있습니다. 하지만 트리니티 연구 이후 진행된 또 다른 연구에서도 가장 경기가 나쁜 상황을 고려했어도 4% 인출률만 유지한다면, 30년이 아닌 50년으로 늘어나더라도 원금은 훼손되지 않는다고 했습니다.

우리나라의 파이어족은 극단적인 절약으로 은퇴 자금을 모으는 미국의 파이어족과는 다른 방식을 추구합니다. 바로 주식과 암호화폐 등 공격적인 투자로 은퇴 자금을 마련하는 방식입니다. 몇 년 전부터 이런 투자 방식으로 수십 억대의 자산을 만들고 회사에 사표를 던지는 사람들이 유튜브 등으로 등장하면서 뜨거운 관심을 받았습니다. 하지만 모두가 그들처럼 될 수 없다는 것이 진실입니다.

파이어족의 종류

파이어족은 다섯 종류로 나눌 수 있습니다. 절약할 수 있는 것은 최대한 절약하며 제한된 소비만 하는 '검소한 파이어(Lean Fire), 생활 수준을 이전과 같이 유지하면서 은퇴를 준비하는 '풍족한 파이어'(Fat Fire), 은퇴를 할 수 있는 충분한 월소득이 있음에도 직장에서의 지위나 사회적인 역할을 즐기며 살아가는 '코스트 파이어'(Coast Fire), 부수입을 활용해서 은퇴를 준비하는 '사이드 파이어'(Side Fire), 은퇴 후에도 부족한 생활비를 위해 아르바이트 등으로 일해야 하는 '바리스타 파이어'(Barista Fire) 등입니다.

파이어족의 종류

Fat FIRE	Lean FIRE	Coast FIRE	Barista FIRE	Side FIRE
월 1,000만 원	월 100~150만 원	월 300만 원	월 200만 원	월 300~500만 원

첫 번째 **펫 파이어**는 일종의 럭셔리 파이어입니다. 사치스러운 생활을 즐길 수 있는 부자 파이어족입니다. 파이어족을 꿈꾸는 사람들이 가장 이상적으로 생각하는 형태입니다. 돈에 대한 걱정 없이 매일 외식을 즐기고, 매월 여행을 떠나고, 고급 호텔에서 호화스럽게 생활하는 파이어족입니다. 누구나 꿈꾸는 럭셔리한 삶입니다. 하지만 그러기 위해서는 최소 수십 억원 이상의 자산이 필요합니다. 현실에서는 극히 일부에게만 해당하는 얘기입니다. 화려하다고 해서 모두가 행복하게 사는 것은 아니라는 것을 우리는 잘 알고 있습니다. 인생에서 추구하는 방향은 각자 다르기 때문에 맹목적으로 이들을 부러워할 필요는 없다고 생각합니다.

두 번째는 **린 파이어** 입니다. 린(Lean)은 한국어로 '기대다' '기울다' '기름기 없이 마른'의 뜻을 갖고 있습니다. 저축을 늘리기 위해 지출을 극한으로 감소시키는 파이어족입니다. 당연히 파이어족이 된 후에도 극단적으로 절약하는 생활을 합니다. 필요 금액이 적기 때문에 짧은 기간 안에 파이어족이 될 수 있습니다. 하지만 파이어 이후 늘어난 여가 시간을 보내려면 어쩔 수 없이 돈이 필요한데, 일할 때보다 돈을 더 아껴 써야 합니다. 린 파이어의 삶을 선택한 분들은 '무소유의 행복'을 추구하며 전원 속에서 자급자족하며 살아가는 분들이 많습니다.

세 번째는 **코스트 파이어** 입니다. 파이어를 달성할 수 있는 자산은 충분하지만 일을 하고 있는 상태입니다. 언제라도 파이어를 할 수 있기 때문에 일을 하는 동안은 정신적 여유를 가집니다. 직장인이라면 여러가지 보험 혜택도 누리고, 예상치 못한 큰 지출이나 불로소득 감소에도 대응할 수 있습니다. 일하는 것이 너무 고통스럽지 않거나 좋아하는 일을 하는 경우라면 딱 좋은 방식입니다.

네 번째는 **바리스타 파이어**입니다. 파이어 이후 아르바이트로 생활비 일부를 조달합니다. 조기 은퇴까지 필요한 금액이 적기 때문에 다른 파이어에 비해 은퇴 시점을 앞당기거나 필요한 돈을 빨리 만든다는 장점이 있습니다. 바리스타 파이어와 유사한 것이 일본의 프리터족입니다. 프리(free)+아르바이트(arbeit)를 합쳐진 말로 특정한 직업 없이 카페나 편의점에서 단시간의 노동으로 생활하는 젊은 층을 일컫습니다. 1990년대 초반 일본의 경제가 불황일 때 생겨났습니다. 바리스타 파이어는 아르바이트를 하면서 의료보험이나 고용보험 같은 혜택도 누릴 수 있습니다. 만약 보유한 재산이 많거나 이자나 배당소득이 있다면, 4대 보험 가입으로 절세할 수도 있어서 자산가들이 일부러 카페 아르바이트 등을 하기도 합니다. 하지만 나이가 들수록 육체적인 노동을 소화하기가 힘들고, 일자리 구하기도 쉽지 않습니다.

마지막 다섯 번째는 **사이드 파이어**입니다. 사이드 파이어족이란 파이어 이후 생활비 일부를 부업으로 충당하는 은퇴 생활을 말합니다. 조기 은퇴 이후 좋아하는 일이나 하고 싶은 일을 할 수 있다는 장점이 있고, 부업의 수입에 따라 코스트 파이어나 팻 파이어로 발전할 가능성도 있습니다. 하지만 수입이 어느 정도 따라주지 않는다면 생활이 어려워집니다. 아르바이트를 해야 하는 바리스타 파이어족과 비슷하지만, 아르바이트 보다는 프리랜서의 이미지가 좀 더 강합니다. 좀 더 고부가가치의 일이나 그동안 자신이 쌓아온 커리어나 능력을 갖고서 전문 영역의 일을 자유롭게 하는 것입니다. 개인적으로는 가장 이상적이고 현실적인 파이어족의 형태라고 생각합니다. 제가 바로 '사이드 파이어족'이며, 현재 미국 주식 배당소득만으로 기본 생활비를 만들고 있으며, 투자 관련 콘텐츠를 유튜브와 여러 미디어에 내보면서 OSMU(One Source Multi Use) 방식으로 부수입을 올리고 있습니다.

은퇴를 계획하고 있다면 어떤 종류의 파이어족을 선택하는 게 좋을지, 먼저 고민해보길 바랍니다. 당연한 얘기지만 배당주 투자도 그러한 생각에 기초해서 투자 방법이나 포트폴리오 등을 짜야 합니다.

23
파이어족을 준비하는 여정

파이어족을 꿈꾸는 이유는 다양합니다. 인생의 가장 젊고 화려한 시절을 더 즐기고 싶은 청춘들, 직장에 얽매이지 않고 좋아하고 하고 싶은 일을 하며 살고 싶은 이들, 자녀의 어린 시절에 함께 추억을 만들고 싶은 젊은 부모들, 이처럼 모두 제각각입니다.

일각에서는 파이어족을 불편한 시각으로 바라보기도 합니다. 노동 가치의 중요함을 훼손하는 문화를 만든다는 걱정도 있고, 은퇴 자금 마련을 위한 투자 위험성을 두고 부정적으로 보기도 합니다. 하지만 어떤 선택을 하든 개인의 선택(삶의 방식)은 충분히 존중받아야 합니다. 스스로의 가치관에 따른 판단인 만큼 이러쿵저러쿵 할 필요는 없습니다.

중요한 것은 은퇴가 아니라 경제적 독립

파이어족 준비에서 중요한 것은 사실 은퇴가 아니라 경제적 독립입니다. 앞에서 트리니티 연구소의 4% 법칙을 통해서 잠깐 살펴보았습니다만, 개인의 소비 성향과 라이프 스타일에 따라 필요로 하는 금액은 천차만별입니다.

그동안 제가 만나본 파이어족들은 대부분 월 300만 원 정도의 시스템 소득이 형성되면 파이어족으로 은퇴를 준비했습니다. 다만 전제 조건이 있습니다. 강남의 아파트든 어디 지방 시골의 작은 집이든 일단 거주비가 들지 않아야 하고, 아이에게 들어갈 기본적인 양육비를 제하고 순수하게 부부가 쓸 수 있는 돈으로 월 300만 원 정도의 시스템 소득이 있어야 합니다.

하지만 노동 소득이 아닌 패시브 인컴(시스템 소득)으로 월 300만 원의 고정 수입을 만드는 것은 간단한 일이 아닙니다. 이 돈을 3% 예금 금리로 따지면, 12억 원이라는 큰돈이 계좌에 있어야 월 300만 원이 이자로 나온다는 계산이 나옵니다. 5% 대의 고금리를 적용해도 7억 원이 넘는 돈이 있어야 합니다. 이 정도의 자본을 모으려면 은퇴 전에 얼마나 많은 노력이 필요한지 말 안 해도 될 것 같습니다.

이어지는 글에서 파이어족이 되는 데 필요한 조건을 순서대로 정리해보았습니다.

파이어족이 되는 길

첫 번째, 총자산 규모를 측정합니다. 파이어족의 여정은 숫자를 계산하고 목표를 구체적으로 세우는 날 시작됩니다. 경제적 자유를 위해 나의 자산 규모를 측정하고 계산하는 것이 첫걸음입니다. 제일 먼저 나의 현재 순자산 규모를 알아야 합니다. 순자산이란 자본(=총자산)에서 부채를 뺀 것입니다. 부채를 레버리지로 활용해 더 큰 수익을 도모하는 방법도 있겠지만, 금리가 높은 최근 상황에서 '빚투'(빚을 내서 투자)는 자칫 큰 화를 부를 수도 있습니다.

파이어족을 준비하는 많은 분들은 이 단계에서부터 좌절합니다. 부채를 뺀 나의 순자산 규모가 크지 않다는 사실을 금방 깨닫기 때문입니다. 하지만 몇백 억, 몇십 억이 있는 사람만 파이어족이 될 수 있는 것은 아닙니다. 사람마다 돈을 쓰는 목적과 규모가 다르기 때문에 구체적으로 얼마의 자산을 모아야 파이어족이 될 수 있는지 표준화된 숫자는 없습니다.

두 번째, 살고 싶은 지역의 선택입니다. 앞으로 평생 살고 싶은 지역이 어디인지 고민하는 것입니다. 집 바로 앞에 각종 편의 시설이 있고 카페나 식당 등이 있어서 언제나 이용 가능한 도시 같은 곳이 좋을지, 조용한 시골이 좋을지, 혹은 태국이나 말레이시아 같은 생활비가 싼 나라가 좋을지, 어떤 선택을 하느냐에 따라 주거비용은 달라집니다. 살아갈 지역을 선정하고 현금 흐름과 예산에 맞춰 주거지를 선택하는 것이 중요합니다.

세 번째, 한 달 생활비를 파악하는 것입니다. 생활비를 정확히 알아야 하는 이유는 앞서 살펴본 첫 번째, 두 번째 여정과도 밀접하게 연관되어 있습니다. 자산 규모를 고려함과 동시에 어떤 환경에서 살 것인지가 검토되어야 한 달 생활비가 대략적으로 나옵니다. 은퇴 후 생활비는 사회 활동 감소 등을 고려하여 은퇴 전 생활비의 70% 정도가 적당합니다(주거 비용을 제외하고서). 물론 이것도 개인마다 다릅니다.

신한은행이 발간한 <신한 미래설계 보고서>(30~59세 직장인 300명(퇴직연금 가입자)을 대상으로 한 설문 조사)를 보면 51%가 은퇴 후 필요한 생활비를 월 200만 원에서 300만 원으로 꼽습니다. 그리고 적정 노후자금 규모로 10명 중 6명이 최소 5억 원 이상이 필요하다고 답했습니다.

네 번째, 투자 경험을 쌓는 것입니다. 투자에 대한 트렌드는 계속 변해왔습니다. 경제 성장기에는 예금 금리만으로도 자산을 빠르게 불릴 수 있었습니다. 하지만 2000년대에 들어서면서부터는 예금 금리가 낮아지고 부동산과 주식 투자가 큰 인기를 끌었습니다. 코로나19 이후부터는 가상 화폐 투자가 큰 주목을 받았습니다.

지금은 어디에 투자해야 할까요? 뻔한 답 같지만 부동산, 주식, 코인 모두에 적정하게 분산 투자해야 합니다. 자본과 시간은 한정적이기에 모든 투자를 다 잘 해내기란 불가능합니다. 단기간에 큰 수익을 올리기는 어렵습니다. 자칫 위험한 투자가 되기도 합니다. 주식이나 코인은 부동산에 비해 변동성이 매우 크기 때문에 명확한 투자관이 확립되기 전에 함부로 시작해서는 안 됩니다. 결국 장기 투자를 할 수 있어야 시장의 변동성을 이기고 복리의 효과를 기대할 수 있습니다. 이때 중요한 것은 첫째도, 둘째도, 셋째도 경험입니다. 많이 학습하고 경험해 보고 나서 나에게 맞는 투자처와 투자방식을 찾아 장기간 투자하는 것이 원칙이 되어야 합니다.

다섯 번째, 부가 수입을 올리는 것도 고민해봐야 합니다. 글쓰기를 좋아한다면 블로그에 글을 올려 독자를 모으고, 영상 편집에 재능이 있다면 브이로그나 유튜브에 영상을 올려 부가 수입을 창출할 수도 있습니다. 최소한의 생계비를 제외하고 부가적인 수입을 만들 수 있다면 예비비나 비상금 목적으로도 예기치 못한 추가 생활비로도 아주 훌륭하게 활용할 수 있습니다.

『파이어족이 온다』의 저자 스콧 리킨스는 파이어족을 목표로 하기 이전에 자신이 진정으로 원하는 행복한 삶이 어떤 것인지 고민해 보라고 했습니다. 중요하게 생각하는 삶의 가치가 무엇이고, 은퇴 이후 어떻게 살 것인지 고민한 다음에야 투자에 대한 생각과 전략도 정리될 수 있습니다.

24
나의 재무상태표 작성하기

조기 은퇴를 희망하고 경제적 자유를 꿈꾸는 파이어족을 준비한다고 했을 때 가장 중요한 것이 패시브 인컴이라고 말씀드렸습니다.

패시브 인컴이란 앞에서도 설명한 바 있지만 시스템 소득 즉, 내가 일하지 않아도 저절로 들어오는 소득을 말합니다. 패시브 인컴에는 부동산 임대 소득, 금융 소득(이자, 배당, 연금), 저작권 소득(콘텐츠 등) 등이 있습니다. 그런데 이러한 패시브 인컴 만들기는 누가 가르쳐주지 않습니다. 그래서 직장 생활을 하는 동안 충분히 고민하고 준비하는 공부가 필요합니다.

투자, 시장, 회계 등 자본 시장에 대한 공부는 필수 사항입니다. 주식이든 부동산이든 투자 경험을 해보고, 시장 앞에서의 겸손함도 배워야 합니다. 그리고 재무 상태, 현금 흐름 등에 대한 지식도 충분히 쌓아야 합니다.

이번 글에서는 이 중에서도 경제적 자유를 꿈꾸기 위해 꼭 알아야 하는 기초 회계 지식이 무엇이고 어떤 것을 알아두어야 하는지 살펴보겠습니다.

원리를 알면 다르지 않다

재무제표란 기업의 재무 상태와 경영 성과를 회계 기준에 따라 보여주는 보고서 묶음을 말합니다. 재무상태표, 포괄손익계산서, 현금 흐름표로 구성되어 있습니다. 경영진이 기업을 잘 운영하고 있는지 판단할 수 있는 중요한 자료로 우리 같은 투자자가 투자 의사결정을 할 때 참고하는 것이기도 합니다. 저는 회계 쪽에는 문외한이고 지식도 많이 부족하지만, 필수적인 기초 회계 지식은 파이어족으로 살아가는데 필수 상식이라 생각하고 공부하고 있습니다.

개인 회계라고 해서 기업 회계와 크게 다르진 않습니다. 개인 회계는 우리 집으로 들어오고 나가는 돈의 입출금 내역을 관리하는 가계부 같은 역할이고, 기업 회계는 기업의 입출금 상황을 파악하고 이를 사업 목표 달성과 성과 관리에 활용하는 것입니다. 앞서 재무제표는 재무상태표와 현금 흐름표 등으로 구성

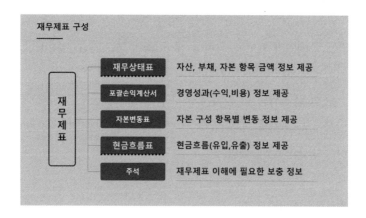

재무제표 구성

재무제표		
	재무상태표	자산, 부채, 자본 항목 금액 정보 제공
	포괄손익계산서	경영성과(수익,비용) 정보 제공
	자본변동표	자본 구성 항목별 변동 정보 제공
	현금흐름표	현금흐름(유입,유출) 정보 제공
	주석	재무제표 이해에 필요한 보충 정보

되어 있다고 했는데, 이 둘의 개념만 잘 배워도 개인의 자산과 부채, 매월 들어오는 현금 흐름에 대한 이해가 높아집니다.

회계는 통상적으로 '제도회계'와 '비제도회계'로 나눌 수 있습니다. 제도회계는 재무상태표와 손익계산서라 불리는 재무제표를 보고 정확한 납세액을 계산하는 것입니다. 제도회계는 주주, 채권자 등 외부 이해관계자가 판단할 수 있도록 일정한 룰에 따라 만들어지고 세금을 내는데 필요합니다. 비제도회계란 회사마다 임의로 기준을 정하는 회계로 경영 관리를 위한 회계이기 때문에 관리회계라고도 부릅니다. 제도회계가 회사 외부 사람들을 위한 경영지표라면, 비제도회계인 관리회계는 회사 내부 사람들의 관리 편의성에 맞춘 지표입니다.

관리회계를 개인에 적용해 본다면, 개인회계는 개인이 보유한 자산과 부채 상태 및 매월 현금 흐름을 점검해 재무 건전성을 확인하고 경제적 독립을 체계적으로 준비하는 데 활용할 수 있습니다.

기업 회계를 개인 회계로 적용해보기

사람들은 일기를 쓸 때 먹고 자는 일상적인 일보다는 특별한 일을 기록합니다. 회계에서의 특별한 일이란 자산·부채·자본의 증감을 가져오거나 수익·비용의 발생 또는 소멸을 가져오는 행위 또는 사건을 말합니다. 즉, 물건이나 돈이 움직이는 거래를 말합니다.

돈이나 물건은 약속에 의해 움직입니다. 무엇인가가 들어오면 나가는 것이 있습니다. 이를 '거래의 이중성'이라고 합니다. 거래에 따른 회사 재산 상태의 변화를 왼쪽에 '차변', 오른쪽의 '대변'으로 나누어 기입하는 것이 분개입니다. 차변은 거래의 분개 시 왼쪽에 나타나는 거래로 자산의 증가, 부채의 감소, 자본의 감소, 비용의 발생 등을 말합니다. 대변은 차변의 반대 개념으로 자산의 감소, 부채의 증가, 자본의 증가, 수익의 발생 등입니다. 오른쪽에 기입합니다.

자산은 여러 가지 기준에 따라 분류가 가능하나 회계상으로는 '유동자산' '비유동자산'으로 구분합니다. 유동과 비유동은 1년을 기준으로 나닙니다. (비유동자산을 고정자산이라고도 불렀지만, 2007년 국제회계기준 IFRS를 도입하면서부터는 비유동자산이라고 합니다.)

비유동자산은 판매 또는 처분을 목적으로 하지 않고 비교적 장기간에 걸쳐 영업 활동에 사용하고자 취득한 각종 자산입니다. 일반적으로 1년 이상 회사가 소유하고 사용할 수 있는 자산을 말합니다. 이를 개인회계에 적용하면 보유 부동산이나 전월세 보증금 그리고 보장성 보험이나 자동차 등입니다. 이와 반대로 유동자산은 짧은 기간 안에 현금으로 바꿀 수 있는 자산으로 1년 이내에 환금할 수 있거나 전매 목적으로 소유하고 있는 자산을 말합니다. 예금이나 적금, 현금, 주식과 같은 유가증권, 귀금속 등입니다.

비유동부채는 부채 중에서 만기가 1년 이후에 도래하는 것을 말합니다. 여기에는 사채, 임대보증금, 장기차입금 등이 있습니다. 유동부채는 만기가 1년 이내 도래하는 부채로 단기차입금, 매입채무 등이 있습니다. 마찬가지로 개인회계로 본다면 다음 달 카드 대금과 마이너스 통장 사용 금액 등이 여기에 속합니다.

유동자산(1년 이내 현금화할 수 있는 자산)을 유동부채(1년 이내 갚아야 하는 부채)로 나눈 비율을 '유동비율'이라고 하는데, 유동비율은 기업의 단기부채 상환능력을 측정하는 지표로 이 비율이 높을수록 현금 동원력이 좋다는 의미가 됩니다. 마찬가지로 개인도 유동비율이 높을수록 현금 동원력이 좋은 게 됩니다. 현금 동원력은 경제 위기시에 폭락한 실물 자산에 투자할 여력을 충분히 갖고 있다는 뜻이 됩니다.

황금별의 재무상태표

3인 가족의 외벌이 가장인 45세 황금별의 재무상태표를 작성해 보겠습니다. 일종의 예시 표이며, 작성 시점에 따라 숫자가 약간 다를 수 있음을 밝힙니다.

황금별의 재무상태표

자산			부채		
비유동 자산	부동산	10억 원	비유동 부채	반전세 보증금	2억 원
	전세 보증금	3억 원		전세자금 대출	1억 원
	보험/연금	1억 원		차입금	1억 원
	계	14억 원		계	4억 원
유동 자산	미국주식	6억 원	유동 부채	카드 대금	0.03억 원
	청약 저축	0.05억 원		마이너스 통장	0원
	예적금	0.05억 원			
	자동차	0.4억 원			
	기타	0.1억 원		기타	
	계	6.6억 원		계	0.03억 원
자산 총계		20.6억 원	부채 총계		4.03억 원

황금별은 서울에 10억 원의 재건축 아파트를 소유하면서 반전세 임대를 주고, 경기도 신도시에 3억 원 신축 아파트에서 전세로 살고 있습니다. 종신보험과 실비보험, 연금저축 납부액은 지금까지 대략 1억 원입니다. 이를 전부 합한 비유동자산은 14

억 원입니다. 그는 경제적 자유를 꿈꾸며 미국 주식 배당주 중심의 투자를 하고 있으며 현재 주식 평가액은 6억 원입니다. 청약저축으로 5백만 원, 입출금 통장 잔액으로 5백만 원, 작년에 뽑은 신차의 현재 중고 시세가 4천만 원 그리고 기타 자산 1천만 원 등을 포함해 유동자산은 6억 6천만 원입니다. 이 둘을 합치게 되면 총자산은 20.6억 원입니다.

부채는 서울 아파트 반전세 보증금 2억 원과 현재 전셋집의 대출금 1억 원, 그리고 부모님 차입금 1억 원 등 비유동부채가 4억 원입니다. 매월 카드대금으로 약 3백만 원이 지출되지만 마이너스 통장은 개설만 해두고 사용하지는 않습니다. 단기유동부채는 3백만 원밖에 되지 않아 유동비율이 매우 높은 건전한 재무 상태를 유지하고 있습니다. 총 부채액은 4억 3백만 원으로 "자산 20.6억 – 부채 4.03억 = 순자산"은 16억 57백만 원입니다.

어떤가요? 이렇게 정리하고 나니 우리 집 경제가 일목요연하게 한 눈에 들어오지 않나요? 여러분도 제가 정리한 것을 참고해서 재무상태표를 작성해보길 바랍니다. 아마 그동안 보험이 얼마며, 연금이 얼마며, 이런 것들을 모르고 있다가 이번에 확인하게 되는 계기가 될 것입니다.

개인의 현금 흐름표

현금 흐름표는 기업회계 보고 때 사용하는 것으로 일정 기간의 기업 현금 흐름 변동 사항을 확인하는 데 쓰입니다. 현금 흐름표를 통해서는 일반 가정 또는 개인의 현금 흐름도 파악이 가능합니다. 크게 수입과 지출을 영업활동, 재무활동, 투자활동으로 구분하는데 쉽게 말하자면 현금 자체의 흐름을 나타낸 것으로 생각하면 됩니다.

이번에는 황금별의 현금 흐름표를 들여다보겠습니다. 매월 급여(1인 법인으로부터)로 420만 원, 차량유지비 10만 원, 보너스 월평균 50만 원으로 매월 급여소득으로 480만 원을 받고 있습니다. 그리고 서울 재건축 아파트를 반전세를 주고 80만 원의 임대 소득(월세)을 올리고 있습니다. 그리고 미국 배당주에도 투

황금별의 현금흐름표 _직장다닐 때(2023년 4월)

수입			지출		
근로소득 사업소득	급여	420만 원	소비성 지출	대출 이자	70만 원
	차량유지비	10만 원		월세	-
	보너스	50만 원		차량 할부금	50만 원
	계	480만 원		생활비	150만 원
자본소득	임대소득	80만 원		교육비	100만 원
	이자소득	-		통신비	20만 원
	배당소득	300만 원		기타	30만 원
	재능소득	100만 원		계	420만 원
			비소비성 지출	대출원금상환	30만 원
				적금(청약저축)	10만 원
				보험/연금	60만 원
	계	480만 원		계	100만 원
수입 총계		960만 원	지출 총계		520만 원

자해서 매월 300만 원의 배당 소득도 얻고 있습니다. 유튜브와 블로그로도 수입을 올리고 있으며, 인터넷 포털 사이트 등으로 경제 관련 필진으로 참여, 원고료 수입도 올리고 있습니다. 이를 합치게 되면 콘텐츠 수입으로 100만 원의 기타 자본소득을 올리고 있습니다. 최근 자본소득이 점점 커지면서 근로소득을 넘어서고 있습니다.

이번에는 지출을 살펴보겠습니다. 서울 재건축 아파트에 투자한 대신 경기도의 신도시에 전세를 얻어 거주하고 있습니다. 1억 원의 전세자금 대출 이자로 월 35만 원을 납부하고 있고, 부모님에게 빌린 전세금 1억 원에 대한 이자로 매월 35만 원을 드리고 있습니다. 차량 할부금 50만 원과 매월 생활비 150만 원 그리고 고등학생이 된 자녀 교육비가 월 100만 원, 3인 가족 통신비가 20만 원, 기타 경조사비 등 예비비 30만 원을 포함해서 소비성 지출이 총 420만 원입니다. 그 외에 대출 원금 상환 30만 원, 청약저축 10만 원 그리고 종신보험과 실비보험을 포함한 월 보험료 60만 원 등 비소비성 지출은 100만 원이 됩니다. 소비성 지출과 비소비성 지출을 합친 월 지출액은 520만 원입니다.

황금별은 자본소득이 근로소득을 넘어서고는 있지만, 월 자본소득으로 얻어지는 현금 흐름보다 지출액이 +40만 원 더 크기 때문에 자본소득을 더 늘려야 경제적 독립이 가능합니다. 그런데 임대 소득은 쉽게 증가시키기가 어렵습니다. 미국 배당주 투자에서는 배당률이 높은 종목으로 포트폴리오를 전환하거나 유튜브 등의 콘텐츠 소득을 더 늘려야 월 지출액보다 매월 들어오는 패시브 인컴(=자본 소득)이 커질 수 있습니다.

아시다시피 추가적인 소득을 늘린다는 것은 무척 어려운 일입니다. 그래서 이때는 지출을 줄이는 것을 생각해볼 수 있습니다. 예를 들어, 중형차를 준중형이나 소형차로 바꾸거나 외식과 같은 생활비 지출을 줄이거나, 보험 보장 조건을 다시 살펴보고 보험료를 조정하는 등의 지출을 줄여서 경제적 자유를 달성할 수 있습니다.

현금 흐름표상 수입과 지출을 비교해보고, 수입을 더 늘릴 수 있는 것인지 아니면 지출을 줄여야 하는지 고민해보는 것은 꼭 필요합니다. 그 과정에서 경제적 자유를 얻기 위해 어떤 준비가 필요한지도 구체화 됩니다.

지금까지 개인의 재무상태표와 현금 흐름표 등을 작성해보면서 기초회계지식인 개인회계에 대해 공부해 보았습니다. 자본주의 사회에서 필요한 기초지식들을 쌓아가면 경제적인 자유 또한 멀기만 한 개념이 아니라 나도 할 수 있는 구체적인 플랜이 됩니다. 목표를 세우고, 목표에 따른 숫자를 정하고, 그런 다음 공부해서 숫자를 채워내는 실행이 필요한 때입니다.

에필로그.
배당 투자로 경제적으로 자유로워지는
성공 스토리를 만들어보세요!

저는 "진짜 부자는 천천히 만들어진다!"라는 말을 믿고 있는 배당 성장 투자자입니다. 물론 우리 주변에는 빨리 부자가 되고자 하는 분이 많고, 실제로 그렇게 부자가 되는 투자자도 극히 일부지만 존재합니다.

어떤 투자자는 시장의 변동성이 가장 심한 개장부터 한두 시간에만 투자하는 데이트레이딩을 하기도 합니다. 미리 시장의 이슈와 테마를 분석한 후, 그날 가장 큰 변동성이 있을 테마주만 집중 매수, 10분 정도를 보유한 후 수익이 나면 바로 매도합니다. 테마주 종목에 투자하는 것 외에 비트코인이나 알트코인 같은 코인 투자로 일확천금을 노리는 투자자도 있습니다.

아시다시피 제가 하고 있는 투자 방식은 이런 데이트레이딩은 아닙니다. 저는 배당주나 배당주 ETF에 투자해 매월 받는 배당금을 재투자하며 투자 종목의 보유 수량과 현금 흐름을 늘려가는 투자를 합니다. 저의 투자 방식은 이게 전부입니다.

투자 성향과 가치관을 명확히 해야

빨리 부자가 된 사람과 천천히 부자가 된 사람, 이 중 영원히 부자로 남을 사람은 누굴까요? 빠르게 부자가 된 사람 중에 영원히 부자로 남은 사람은 별로 없습니다. 현재의 부에 만족하지 못하고 더 큰 욕심을 내다가 쌓은 부를 잃기 때문입니다.

저는 배당 투자에 만족하고 있습니다. 트레이딩에 대한 재능이 없어서이기도 하고, 투자 성향이나 가치관이 데이트레이딩과 맞지 않은 이유도 있습니다. 애플이나 테슬라같이 성공한 빅테크 기업을 초창기에 사두었다가 10년 이상 보유해서 100배 이상의 큰 수익을 올린 투자자가 몇 명이나 될까요? 그리고 매일 사고파는 데이트레이딩을 통해 수십억, 수백억대 부자가 된 사람은 몇 명이나 될까요? 둘 다 매우 극소수입니다.

그래서 저는 늘 하던 방식대로 배당주 중심으로 포트폴리오를 짜서 운용해가고자 합니다. 그래서 단기 트레이딩에 성공한 투자자들은 쉽게 이해하지 못하는 배당주 ETF 투자를 5년 이상 지속해가고 있습니다. 단기간에 큰 부자가 되지는 못하겠지만 천천히 부자가 되는 길로 들어서서 매일매일 성과에 쫓기지 않고 산책하듯 여유있게 걸어가고자 합니다.

시장에서 견디며 인내해야

데이트레이딩이나 일부 성장주에서 큰 수익을 본 투자자는 장기 투자가 기본인 배당 투자자로 돌아서기가 매우 어렵습니다. 단기적으로 큰 수익을 보게 되면 우리 뇌에서는 '도파민'이라는 에너지가 분출되는데 그 쾌감을 잊지 못하기 때문입니다.

단기 트레이딩이나 성장주, 코인 등 리스크가 큰 투자를 통해 높은 수익을 올린 투자자에 대한 일화는 주변으로부터 항상 듣게 됩니다. 이런 소식을 듣고 나면 일반 투자자는 그동안 자신이 해온 투자 방법에 회의감을 느낍니다. 특히 철학이나 원칙 없이 투자했거나, 주변 사람들로부터 조언을 받아서 투자를 이어온 분들이라면 더더욱 마음이 흔들립니다.

저는 의도적으로 그런 소식에 귀를 닫고 모른척합니다. 단기간에 큰 수익을 올리게 해준다거나 투자 원금을 보장하며 10% 이상의 수익률을 보장해준다는 등의 감언이설도 절대 믿지 않습니다. 대신 저의 투자 원칙에 해당하는 배당 투자는 확실히 믿고 있습니다. 배당 투자는 돈에 투자하기보다는 시간에 투자하는 것입니다. 그래서 누구나 도전할 수 있고 인내심이 있는 투자자라면 성공 확률 또한 높다고 생각합니다.

모든 배당 투자자의 목표는 월급을 초과하는 배당금을 받아서 아침 9시에 출근해서 저녁 6시까지 일해야 하는 삶에서 자유로워지는 것입니다. 자본소득이 근로소득을 넘어서는 것입니다. 하지만 우리가 살고 있는 자본주의 경제 시스템에서 공짜 점심이란 절대 없습니다. 그렇기 때문에 배당 투자자로서 성공하는 것 역시도 따로 지름길이 있는 게 아닙니다.

이제 막 시작하는 2030 젊은 투자자나 은퇴 준비가 늦은 투자자는 배당 투자를 위한 시드머니(종잣돈)를 만드는 것에만 수년이라는 시간이 필요합니다. 그 과정에서 대부분의 투자자들은 재미없고 지루한 배당 투자를 포기해버리고, 변동성이 큰 성장주나 2배, 3배 레버리지 투자로 지름길을 만들려 합니다.

다시 한번 말씀드리지만, 배당 투자는 시간과 인내라는 단어와 동일어입니다. 근로소득이나 사업소득으로 저축한 종잣돈(투자원금)을 배당주에 투자하고, 매월 받는 배당금으로 다시 투자해서 주식을 모으는 과정의 오랜 반복입니다. 이런 과정을 거쳐야 그럴듯한 현금 흐름이 만들어집니다.

재정 목표의 구체화

배당 투자의 가장 큰 장점은 목표를 설정하고, 목표를 향한 성과를 어느 정도 예측할 수 있다는 것입니다. 물론 시장에 어떤 위기가 찾아올지, 그로 인해 어떤 일이 벌어질지는 아무도 모릅니다. 경제 위기와 주가 흐름을 예측하는 건 신의 영역입니다.

배당 투자는 주가의 향방까지는 예측할 수 없지만, 배당금 흐름에 대해서는 어느 정도 예측이 가능합니다. 제가 이 책에서 제시한 배당주 ETF는 주가 하락은 있을 수 있지만, 배당금이 삭감될 가능성은 거의 없는 상품입니다.

미국의 기업들은 경기 침체기나 하락기에도 배당금을 삭감하거나 배당금을 주지 않는 경우가 거의 없습니다. 특히 배당귀족주(25년 이상 배당금을 증액해 온 기업)나 배당황제주(50년 이상 배당금을 증액해 온 기업)에 속하는 기업들은 미국이라는 국가가 망하지 않는 한 배당금을 삭감하지는 않을 것입니다.

세계 최고 음료회사인 코카콜라의 현재 주가는 60달러인데, 다음 달에 65달러가 될지, 1년 후에 50달러가 될지, 10년 후에 100달러가 될지 예측하는 건 불가능합니다. 하지만 무려 64년간이나 매년 배당금을 증액시켜 온 미국을 대표하는 배당황제주입니다. 우리가 콜라를 마시고 소비하는 한, 과거 64년 동안처럼 미래에도 배당금을 증액시킬 가능성은 높습니다. 코카콜라는 1970년대 오일 파동, 2008년 세계금융위기, 얼마 전 2020년 코로나 팬데믹 시기에도 주가가 30% 이상 폭락하고 기업의 매출과 이익이 곤두박질쳤음에도 배당금을 줄이지 않고 증액시켰습니다.

만약 여러분이 은퇴를 위한 생활비로 월 300만 원이라는 배당 현금 흐름을 목표로 한다면, 지금부터라도 배당 수익 목표를 가지고 포트폴리오를 만들어보는 것이 중요합니다. 10억 원을 투자하면 월 300만 원 이상의 배당 현금 흐름을 만들 수 있습니다. 그러나 부동산 등 실물 자산을 제외한 현금이나 금융자산으로 10억 원을 가진 은퇴자나 파이어족은 거의 없습니다. 그럼에도 잘 고민하고 포트폴리오를 짠다면 3~4억 원의 투자금을 갖고서도 월 300만 원의 배당 현금 흐름을 만들 수 있습니다. 물론 원금 손실 등의 위험은 상대적으로 더 높아질 수밖에 없지만 말입니다.

배당수익률에 따라 다양한 배당 포트폴리오를 만들어서 시뮬레이션을 돌려보면서 간접 경험을 해보는 것이 중요합니다. 3~4% 배당수익을 얻는 포트폴리오건 9~10%의 포트폴리오건 시장을 떠나지 않고 배당금을 받아가며 오래 머무는 것이 핵심입니다.

나만의 성공 스토리

직장생활 20년 만에 세상을 좀 다른 관점으로 바라보게 되었습니다. 저는 자상하고 성실하신 부모님 밑에서 사랑받으며 자랐지만 경제적인 도움과 지원은 거의 받지 못했습니다. 이런 제가 성공할 수 있는 방법은 열심히 공부해서 대기업에 입사해 성실하게 일해 임원이 되는 길뿐이라고 생각했습니다. 하지만 월급만으로는 늘 빠듯한 살림이었고 또 연차가 오래 지날수록 업무

보다는 주변의 관계가 더 중요해지는 조직 문화가 저를 힘들게 했습니다.

저는 좀 더 긴 안목으로 경제적 자유를 목표로 하고, 이에 필요한 여러 가지를 준비하기 시작했습니다. 선배들이 승진, 정년 퇴직 등을 중요하게 생각했다면 저는 해외에서 여행하면서 글을 쓰며 살아가는 자유로운 삶을 꿈꿨습니다. 적당한 자유와 가족에게 필요한 적정 생활비라는 현금 흐름을 목표에 두었습니다. 그렇게 배당 투자로 목표가 달성된 뒤에는 미련없이 회사를 그만뒀습니다. 어떤 것을 포기하고 희생했을까요? 더 중요한 것을 얻기 위한 현명한 선택이었을까요? 더 중요한 것은 무엇이 었을까요?

저는 여러분이 이 책을 선택한 것도 재테크 정보를 얻고자 하는 측면도 있지만, 궁극적으로는 원하는 인생을 살기 위함이라고 생각합니다. 우리가 발 딛고 있는 사회에서 나의 소중한 인생이 타인에게 끌려다니지 않으려면, 그래서 독립적으로 살려면 내가 무엇을 원하고 그것을 이루기 위해 어떤 플랜을 짜느냐가 중요합니다. 이것이 성공한 인생입니다.

저는 성공을 숫자로 정의하지 않습니다. 강남 아파트, 벤츠 같은 고급 자동차, 최고급 호텔 호캉스를 부러워하지도 않습니다. 총자산이 수십억, 수백억 원도 아니고 매월 천만 원도 안 되는 소득을 얻고 있지만 성공한 투자자라고 생각합니다. 왜냐하면 제가 생각하는 인생의 중요한 꿈을 이루는 데 필요한 경제적 독립을 얻었기 때문입니다.

하고 싶은 일을 원하는 시간에 하면서, 이 모든 것을 60대가 아니라 40대에 시작하며, 인생에서 가장 아름다울 수 있는 지금을 가족과 함께하고 있습니다. 이렇게 된 데에는 자본주의 사회에서 우리 가족이 생활하며 살아갈 수 있는 기본적인 생활비(시스템 소득, 패시브 인컴)가 마련되었기 때문입니다.

누구나 자신만의 성공 스토리를 만들어 낼 수 있습니다. 여러분은 인생의 성공 나아가 꿈을 어떻게 정의하나요? 그러기 위해서 필요한 경제적 자유의 수준은 어느 정도인가요? 남과 비교하지 말고 나만의 성공 스토리를 위한 구체적인 계획을 만들어가시길 바랍니다. 그게 진짜 행복해지는 길입니다.

황금별의 미국 주식 배당 ETF 투자 습관
: 40에 시작한 시스템 소득 만들기

초판 1쇄 발행 2024년 8월 12일
초판 2쇄 발행 2024년 9월 2일

지은이 최윤영(황금별)

펴낸이 이승현
디자인 스튜디오 페이지엔

펴낸곳 좋은습관연구소
출판신고 2023년 5월 16일 제 2023-000097호

이메일 buildhabits@naver.com
홈페이지 buildhabits.kr

ISBN 979-11-93639-18-4 (13320)

좋은습관연구소에서는 누구의 글이든 한 권의 책으로 정리할 수 있게 도움을 드리고 있습니다. 메일로 문의주세요.